D1728662

Gotteshäuser als letzte Ruhestätte? Kolumbarien in Kirchen und Kapellen

Professoren Birgit Franz, Georg Maybaum, Walter Krings

mit einem theologischen Beitrag von Pastor Gunnar Jahn-Bettex,
Kirchengemeinde Markoldendorf,
und einem Geleitwort von Superintendent Heinz Behrends,
Kirchenkreis Leine-Solling

Inhalt

Geleitwort

„Letzte Ruhestätte und Raum der Auferstehung"

Unsere Kirchen sind von West nach Ost ausgerichtet, vom Turm zum Altarraum. Aus meiner Welt trete ich in die Welt Gottes ein. Ich gehe auf das Zentrum, den Altar zu, der die zentrale Geschichte christlichen Glaubens abbildet: das Kreuz, das Leiden Christi, dahinter die Fenster. Wenn ich morgens die Kirche betrete, geht hinter dem Kreuz durch die Fenster das Licht auf. Hinter dem Leid steht die Hoffnung. Manche Kirche erreicht man auch heute noch nur über einen Friedhof. Über das Totenfeld gehe ich in den Raum der Auferstehung. Unsere Kirchen sind ausgerichtet zum Orient. Wer sich von der Hoffnung leiten lässt, der hat Orientierung. Kaum ein Raum dieser Welt verbindet durch seine Sprache auf so geniale Weise Schmerz und Hoffnung, Tod und Auferstehung.

Gedenken des Todes, Klage, Ruhe, Totenehrung und Verkündigung der Auferstehung gehören ursächlich in den Kirchenraum. Es liegt sehr nahe, eine Kirche als Kolumbarium einzurichten. Sie erfüllt ihren eigensten Sinn, sie bleibt Raum der Verkündigung und des Gebetes. Sie bekommt eine multifunktionale Aufgabe. Das ist mehr als ein uraltes Sponsoring-Modell.

Es ist ein Segen für unsere Kirchenräume, wenn Architekten, Kunsthistoriker, Denkmalschützer und Theologen gemeinsam einen Kirchenraum neu gestalten. Ein fruchtbarer Dialog, den die Kirchengemeinde Markoldendorf und die Hochschule in Holzminden (HAWK) aufgenommen und mit Erfolg durchgeführt haben. Die Gemeinde empfand es als bewegend, ja anrührend, dass junge Menschen sich kreativ Gedanken über ihre Kirche machen.

Dieses Buch verbreitet und vertieft diese gute Zusammenarbeit, es macht Mut, die eigenen Kirchenräume im Dialog kreativ zu verändern.

Die Krise, die Kirchenräume zu erhalten, wird zur Chance, sie zu einer ureigenen Nutzung zu führen.

„Herr, ich habe lieb die Stätte deines Hauses
und den Ort, da deine Ehre wohnt".

Psalm 26,8

Heinz Behrends,
Superintendent Leine-Solling

Innerhalb der inzwischen gesamtgesellschaftlich geführten Auseinandersetzung im Umgang mit dem demographisch bedingten Strukturwandel ist „Kirche und Wandel" ein zentrales Thema. Kirchengebäude sind von den Folgen des Strukturwandels besonders stark betroffen und daher auch in ihrem Fortbestand gefährdet: Die Unterhaltung der Gebäude kann – auch infolge der sinkenden Zahl praktizierender Gläubiger – nicht mehr überall geleistet werden. Die Kirchen stehen häufig leer, werden kaum noch genutzt, verfallen möglicherweise oder werden gar abgerissen.

Den Verfassern dieser Schrift ist es ein Anliegen, die Problematik von leer stehenden oder zukünftig leer fallenden Kirchen und Kapellen der Öffentlichkeit auch vor dem Hintergrund des kulturellen Wandels näherzubringen. Es sollen Wege aufgezeigt werden, wie christliches Kulturgut in unseren Orten durch sinnfällige Nutzung für zukünftige Generationen erhalten werden kann.

Studierende und Lehrende an der Hochschule für angewandte Wissenschaft und Kunst (HAWK) in Holzminden setzen sich seit nunmehr zehn Jahren intensiv mit der Umnutzung, Weiternutzung, Erweiterten Nutzung und Umwidmung von Gotteshäusern auseinander. Architekten, Bauingenieure und Immobilienwirte vernetzten dabei ihre fachlichen Perspektiven.

Auch im Jahr 2010 konnte die HAWK ein spannendes Projekt der evangelisch-lutherischen Landeskirche Hannover begleiten:

Ein Nutzungskonzept für die Marienkapelle in Markoldendorf, das zweite Gotteshaus neben der Hauptkirche St. Martin, zu entwickeln, das einerseits die christliche Gemeinschaft fördert und andererseits die bauliche Erhaltung des Gotteshauses sicherstellt, für die seit 1995 keine Zuweisung aus landeskirchlichen Mittel mehr erfolgt.

Der Arbeitskreis „Zukunft der Marienkapelle" sieht in der Umwidmung zum Kolumbarium eine Lösung. Das Gotteshaus bliebe ein Ort christlicher Verkündigung, denn Kolumbarien, oft auch Bestattungskirchen, Grabeskirchen oder Urnenkirchen genannt, stehen für die christliche Botschaft der Auferstehung!

Der Ausdruck Kolumbarium kommt aus dem Lateinischen, »columbarium« bedeutet Taubenschlag. Der bildliche Eindruck wurde zunächst auf jene bereits zu römischer Zeit geschaffenen Orte zur Aufbewahrung von Urnen übertragen. In südlichen Ländern dienen heute oberirdisch angelegte Kolumbarien nicht nur der Urnenaufbewahrung, sondern teilweise auch der Beisetzung des leiblich verbliebenen Körpers oder als Beinhaus. Für die im Außenraum stehenden Wände oder Stelen mit Nischen oder Fächern zur Urnenaufbewahrung auf Friedhöfen wird die Bezeichnung übernommen. Heute werden so auch die Orte ewiger Ruhe in christlichen Kirchen[1] genannt, die nach einer Feuerbestattung der Verortung der Urnen dienen.

Anlass, die vielfältigen Gedanken rund um das geplante Kolumbarium in einer kleinen Kapelle im struk-

turschwachen ländlichen Raum Südniedersachsens zu publizieren, ist die Gelegenheit, die Ergebnisse auf dem Evangelischen Kirchbautag 2011 „Kirchenraum – Freiraum – Hoffnungsraum" in Rostock in der St. Nikolaikirche ausstellen und mit zwei zugehörigen Workshops zum Thema „Kolumbarien" hinterlegen zu dürfen.

Die Zusammenarbeit mit Lehrenden und Studierenden gibt den Gläubigen an vielen Stellen Impulse, denn Hochschulen nehmen inzwischen in Transformationsprozessen eine Schlüsselrolle ein. Junge Menschen gehen häufig unbeschwerter und oftmals innovativer an neue Aufgaben heran. Dies gilt auch für den Umgang mit dem Phänomen des Wandels in der Kirche.

Das vorliegende Buch ist mehr als eine Projektdokumentation. Es bettet die Studien in die aktuelle Diskussion ein, beleuchtet ausgewählte Beispiele und geht auf Tuchfühlung mit zwei Materialien von außergewöhnlicher Schönheit, die insbesondere in ihrer Kombination beeindrucken: Lehm und Bronze – doch dazu später mehr.

Die einzelnen Kapitel dieser Schrift sind unabhängig voneinander lesbar. Infolgedessen sind inhaltliche Wiederholungen an der einen oder anderen Stelle hilfreich und notwendig.

Über die Zusammenarbeit zwischen dem Arbeitskreis „Zukunft der Marienkapelle" in Markoldendorf und der HAWK in Holzminden

Im Frühjahr des Jahres 2010 geht der Arbeitskreis „Zukunft der Marienkapelle" in Markoldendorf auf die Lehrenden der Hochschule für angewandte Wissenschaft und Kunst (HAWK) in Holzminden zu. Der geschäftsführende Pastor der ev.-luth. Kirchengemeinden der Region Dassel und Sprecher des Arbeitskreises, Gunnar Jahn-Bettex, fragt um architektonischen und baufachlichen Beistand an. Es gilt, die Idee der Umgestaltung der Marienkapelle in ein Kolumbarium, also in einen Aufbewahrungsort für Urnen und einen Ort des christlichen Gedenkens, in der Bevölkerung nicht nur bekannt, sondern auch anschaulich und begreifbar zu machen. Die HAWK-Professoren Birgit Franz, Walter Krings und Georg Maybaum nehmen diese Herausforderung gerne an.

Die Problematik – Kirchen leer, was nun? – wird an der HAWK von den Verfassern dieser Schrift seit Jahren in Lehre und Forschung aufgegriffen und in verschiedenen Projekten bearbeitet. Bisher stand hierbei meist der Gedanke im Vordergrund, das Gebäude weiterhin sinnvoll zu nutzen, um so den gegenständlichen Verlust des Kulturguts zu verhindern und die Bedeutung des Gebäudes als städtebauliche Identität zu erhalten. Die in Aussicht gestellte Aufgabe, eine kirchliche Weiternutzung des Gebäudes zu planen, war insofern eine besondere Herausforderung.

Somit wird das Projekt „Kolumbarium in der Marienkapelle" für die Lehrenden der HAWK ebenso zur Leidenschaft wie für den Arbeitskreis „Zukunft der Marienkapelle". Um auch die Studierenden aus dem 5. Semester Architektur für die Aufgabe nachhaltig zu begeistern, werden bereits bei der Projektvorbereitung der Verschiedenartigkeit der persönlichen Hintergründe und damit den unterschiedlichen Anschauungen in Bezug auf den Glauben sowie möglichen Berührungsängsten mit dem Sterben und dem Tod größte Aufmerksamkeit gewidmet.

In theologischer Hinsicht begleitet Pastor Gunnar Jahn-Bettex sowohl das vorbereitende Seminar als auch den Entwurfsprozess. Die Professoren betreuen die Studierenden entsprechend ihrer Fachgebiete: Denkmalpflege, Architektur, Planungsrecht bzw. Materialwissenschaften. Das unterschiedliche Alter der Beteiligten fördert und inspiriert den Dialog. Die gemeinsame Auseinandersetzung mit dem Thema Sterben ist insgesamt äußerst vielschichtig angelegt.

KIRCHE IM UMBRUCH

 **Zum Strukturwandel in den Kirchen
seit den 1990er Jahren**

Ungenutzte Kirchen kann man für ein paar Jahre stilllegen, doch auch das kostet Geld – das Unkraut gedeiht sonst in jeder Ritze, Scheiben werden eingeworfen. Aber kann man geweihte Orte einfach entsorgen wie ein Paar ausgediente Schuhe? Wohl kaum!

Alte und neue Kirchenbauten prägen das Bild unserer Städte und Dörfer. Sie sind ein Zeichen unserer abendländischen Kultur. Der Erhalt des Kirchengebäudes findet deshalb in der Kunstgeschichte und in der Denkmalpflege seine Begründung, es dient als materieller Träger der Zeitgeschichte. Als kultureller und spiritueller Raum hat die Kirche jedoch eine weit höhere Bedeutung.

Mit großem Respekt wird von alters her das Kirchengebäude geehrt, in dem sich die christliche Gemeinde versammelt, um das Wort Gottes zu hören und um gemeinsam zu beten. Gerade deshalb ist jedes Kirchengebäude ein Glaubenszeugnis, ein sichtbarer Beweis christlicher Identität. Die Bauten besitzen für die Angehörigen von Pfarrgemeinden auch emotionale Qualitäten. Hier werden wichtige Schritte des Christseins erlebt: Taufe, Firmung, Konfirmation, Hochzeit, Trauerfeiern oder Gedenkgottesdienste. Insofern sind Kirchengebäude über ihre tatsächliche baugeschichtliche oder kunsthistorische Bedeutung hinaus von der Erinnerungskultur der Glaubensgemeinschaft und des Einzelnen geprägt.

Kirchengebäude sind von den Folgen des Strukturwandels besonders stark betroffen und daher auch in ihrem Fortbestand gefährdet: Die Unterhaltung der Gebäude kann häufig nicht mehr geleistet werden. Dabei leidet die Seelsorge ebenso unter der demographisch bedingten Schrumpfung wie die Bauunterhaltung der Kirchengebäude. Memoranden, Resolutionen, Manifeste, aber auch Publikationen machen seit fast zwei Jahrzehnten die Not der Gotteshäuser fachöffentlich, desgleichen Tagungen und Veranstaltungen der beiden großen christlichen Kirchen, der namhaften Stiftungen und der behördlichen Institutionen.

Als öffentlich besonders breitenwirksam gestaltet sich der thematische Schwerpunkt „Historische Sakral-

bauten" am Tag des offenen Denkmals im Jahr 2007. Der damalige Bundespräsident Horst Köhler betont in seinem Grußwort im Sonderheft „monumente – Magazin für Denkmalkultur in Deutschland. Tag des offenen Denkmals 9. September 2007" offen den drohenden Verfall und appelliert an die tatkräftige Unterstützung der Bürgerinnen und Bürger. Zwei Jahre später, 2009, löst die 34. Pressefahrt des Deutschen Nationalkomitees für Denkmalschutz zum Thema Weiter- und Nachnutzung von Kirchen ein großes Echo in den Medien aus und macht Christen wie Nichtchristen deutlich, dass sich die Situation zuspitzt.

Für die Ausgabe 15 der Wochenzeitung für Glaube, Geist, Gesellschaft „Christ & Welt" (Beilage der Wochenzeitung für Politik, Wirtschaft, Wissen und Kultur „Die Zeit" Nr. 15 vom 7. April 2011) wurden die neuen Zahlen der Kirchenaustritte recherchiert. Ein dramatischer Anstieg um fast 40 Prozent ist danach für das Jahr 2010 in der Katholischen Kirche zu verkraften. Rund 180.000 Austritte stehen hinter dieser Prozentangabe. In der Evangelischen Kirche liegen die Austritte wohl geringfügig unter dem Vorjahr, was aber auch rund 150.000 Austritte bedeutet. Auf drei Seiten werden Analysen, Austrittsbekenntnisse und Auswege erörtert.[2]

 Memoranden, Resolutionen, Manifeste, Arbeitshilfen

Hunderte, langfristig möglicherweise Tausende von Kirchen sind aufgrund der stetig sinkenden Zahl von Kirchgängern in Deutschland von einer Säkularisierung oder sogar schlimmstenfalls vom Abriss bedroht. Seit nunmehr fast zwei Jahrzehnten weisen die „Charta der Villa Vigoni – Zum Schutz der kirchlichen Kulturgüter" (1994), verabschiedet von der deutschen Bischofskonferenz und der päpstlichen Kommission für Kulturgüter der Kirche, ebenso auf die großflächig drohende Gefahr hin, wie der „Dresdner Appell zur Bewahrung kirchlicher Baudenkmäler" (1995), verabschiedet von der evangelischen und katholischen Kirche, oder das „Magdeburger Manifest" (1996) des 22. Evangelischen Kirchbautags – Christen wie Nichtchristen werden aufgefordert, zu helfen. Seither verdinglichen und präzisieren weitere Übereinkommen wie auch konkrete Arbeitshilfen, die hier nur exemplarisch angeführt werden, die vorgenannten Aufrufe.

Mit der Publikation „Arbeitshilfe Nr. 175 (2003)"[3] reagiert die Deutsche Bischofskonferenz auf die zunehmende Anzahl von Profanierungen. Mit ihr fixiert sie konkrete Beurteilungskriterien und Entscheidungshilfen für die Umnutzung von Kirchen. Ebenso stellen die verschiedenen Evangelischen Landeskirchen ihren Kirchenkreisen und Kirchengemeinden konkrete Leitlinien und Kriterien für die Entscheidungsfindung bereit, beispielsweise „Kirchen – Häuser Gottes für die Men-

schen. Einladung zum lebendigen Gebrauch von Kirchengebäuden"[4], eine Orientierungshilfe der Evangelischen Kirche Berlin-Brandenburg-schlesische Oberlausitz.

Im „Maulbronner Mandat" (2005), verabschiedet von den Teilnehmerinnen und Teilnehmern am 25. Evangelischen Kirchbautag im Kloster Maulbronn, wird betont, dass infolge finanzieller Zwänge keine Kirchenräume aufgegeben werden sollen, sondern notfalls

eher an eine Stilllegung auf Zeit zu denken ist.

Als Extrakt des 2008 vom Arbeitskreis „Kirchen öffnen und erhalten" der Evangelischen Akademikerschaft in Deutschland (EAiD) an der Bauhaus-Universität Weimar initiierten Evangelischen Hochschuldialogs „Erweiterte Nutzung von Kirchen - Modell mit Zukunft?" bündelt das „Weimarer Votum" (2008) die Impulse aus den dortigen Vorträgen und Arbeitsgruppen. Die EAiD spricht sich darin für eine erweiterte Nutzung von

Kirchengebäuden und damit gegen Entwidmungen und Umnutzungen aus.

Die „Resolution zur Frage der Um- und Weiternutzung von Kirchengebäuden in Deutschland" (2009), unterzeichnet von der Deutschen Stiftung Denkmalschutz, der Vereinigung der Landesdenkmalpfleger in der Bundesrepublik Deutschland und den rund 250 Teilnehmerinnen und Teilnehmern der Tagung „Kirche leer - was dann? Neue Nutzungskonzepte für alte Kirchen" in Mühlhausen/Thüringen, betont die dringende Notwendigkeit von Mediationsverfahren zwischen allen Beteiligten, wie den Kirchengemeinden, sonstigen Nutzern, Architekten, Ingenieuren und Denkmalpflegern. Da die vom demographischen Wandel geprägte Gesellschaft derzeit erst am Anfang eines gesamtgesellschaftlichen Anpassungsprozesses steht, gilt es, dieses Instrumentarium zur Vermittlung zwischen unterschiedlichen Bedürfnissen und Interessen möglichst frühzeitig zu optimieren bzw. weiter zu entwickeln.

Die Arbeitsgruppe Inventarisation der Vereinigung der Landesdenkmalpfleger in der Bundesrepublik Deutschland reagiert in ihrem „Arbeitsblatt Nr. 29" auf die drastische Gefahr, die den Kirchen der zweiten Hälfte des 20. Jahrhunderts, die in Folge von Flächenbombardements, Flüchtlingszuzug und wirtschaftlichem Aufschwung errichtet wurden, droht. Hier werden Bedeutungskriterien zur Beurteilung von Kirchenbauten nach 1945 aus denkmalpflegerischer Sicht benannt und vielfältige Literaturhinweise gegeben.

 Dauerhaftigkeit in Zeiten des Wandels

Kirchen und Kapellen sind durch den demographischen Wandel in ihrem Fortbestand massiv bedroht! Werden wir auf der Suche nach einer geweihten Kirche künftig erst an einer zur Bibliothek, Sporthalle oder zum Restaurant umgenutzten, entwidmeten Kirche vorbeigehen müssen, um ein Gotteshaus zu finden? Weniger Gemeindemitglieder bedeuten geringere Kirchensteuer. Das Geld fehlt für die nötige Seelsorge, ebenso für die nötige Bauunterhaltung. Entwidmung, Fremdnutzung oder gar Abriss sind die Folge. Die in jedem Dorf, jeder Stadt seit fast zweitausend Jahren raumprägende christliche Symbolik ist derzeit in Gefahr.

In der Geschichte der Kirche hat es aus unterschiedlichen Anlässen immer Umnutzungen, Profanierungen und Abrisse von Kirchengebäuden gegeben. Die Gründe waren oft wirtschaftlicher Natur. In der jüngeren Vergangenheit, insbesondere in den letzten zehn Jahren, entbrennen bei der Suche nach Lösungen für die Transformation von christlichen Gotteshäusern aus der Vergangenheit in die Zukunft kircheninterne und öffentliche Diskussionen über Dauer und Wandel.

Art und Weise der Umnutzung von Kirchen sind vielfältig, teilweise äußerst gelungen, teilweise kritisch diskutiert. Einige bieten Anlass zum Nachdenken, etwa die gestalterisch anspruchsvolle Umnutzung der neugotischen Martini-Kirche in Bielefeld zur Gastronomie »Glückundseligkeit«. Betrachtet man das zugehörige Veranstaltungsprogramm, welches das „philosophische

Gastmahl" bewirbt, zeigt sich deutlich, dass hier der heutige Betreiber dieser entwidmeten christlichen Kirche intensiv mit der Aura des Ortes arbeitet. Die Vielfalt der Transformationen – von der gelungenen Weiternutzung über die erweiterte Nutzung bis hin zur Entwidmung und Umnutzung – zeigen ungezählte Darstellungen in Fachbüchern[5], Fachzeitschriften[6] und amtlichen Dokumentationen[7] – auch im benachbarten Ausland. Inzwischen greifen die Tagespresse und sogar Lifestyle-Magazine diese Beispiele verstärkt auf.

Auch die Lehrenden und Studierenden der HAWK in Holzminden analysieren sorgfältig die vielfältigen Lösungsmöglichkeiten, bevor sie mit der Entwurfsplanung für die jeweils anstehende Projektaufgabe beginnen. Patentrezepte gibt es nicht. Dennoch nehmen ihre theoretischen Analysen immer wieder auf drei geradezu kirchenexistentielle Grundfragen Bezug: Wird infolge von Umnutzungen eines Tages die Zeichenhaftigkeit selbst für verbliebene Gotteshäuser der christlichen Kirche verbraucht sein? Bietet die kirchlich und/oder weltlich erweiterte Nutzung eine besonders geeignete Basis, um den Kirchengebäuden auch in christlicher Hinsicht eine Zukunft zu geben? Ist es Kirchengemeinden mittels erweiterter Nutzungskonzepte möglich, selbst Eigner zu bleiben und so neue Orte religiöser Begegnung zu schaffen?

Transformationen der Nutzung begleiten die Geschichte der christlichen Gotteshäuser seit Anbeginn. So steht in Matthäus 21,12–13 geschrieben: „Und Jesus ging in den Tempel hinein und trieb heraus alle Verkäufer und Käufer im Tempel und stieß die Tische der Geldwechsler um und die Stände der Taubenkrämer und sprach zu ihnen: Es steht geschrieben (Jesaja 56,7): »Mein Haus soll ein Bethaus heißen«; ihr aber macht eine Räuberhöhle daraus."[8]

Zweitausend Jahre später steht das Motto „Transformationen"[9] des 26. Evangelischen Kirchbautags in Dortmund (2008) für die Diskussionen der Kombination von Dauer und Wandel innerhalb der christlichen Kirchen. Dauerhaftigkeit braucht die Verortung der religiösen

Begegnung. Gotteshäuser geben dem Menschen das, was er ohne, im wahrsten Sinne des Wortes, sichtbare Kirche nicht erhalten kann: zeichenhafte Akzeptanz der christlichen Religion. Für die Vielfalt des baulichen wie nutzungsinhaltlichen Wandels stehen die während des Kirchbautags geöffneten Gotteshäuser. Sie zeigen insbesondere Transformationsprozesse nach dem Prinzip der Schrumpfung von der Peripherie zur Mitte, d.h. die Aufgabe anderweitig kirchlich genutzter Gebäude zugunsten der kirchlich wie weltlich erweiterten Nutzung der Gotteshäuser selbst. Der 27. Evangelische Kirchbautag in Rostock (2011) befasst sich unter dem Motto „Kirchenraum – Freiraum – Hoffnungsraum"[10] mit der künftigen Entwicklung der Region und der Kirche im Dorf, kurzum erneut mit Zukunftsstrategien.

Immer wieder sorgen die selbsternannten „Kirchentrojaner", eine Gruppe junger, quer denkender Menschen, die im interdisziplinären Netzwerk aus Architekten, Künstlern, Theologen und Pädagogen und im Selbstverständnis gesamtgesellschaftlicher Relevanz von Architektur agieren, für fruchtbringende Impulse. Der von ihnen konzipierte Workshop „Von wegen nix zu machen …"[11] in der alten sowie in der neuen Schlosskapelle und am historischen Gesundbrunnen der Evangelischen Akademie Hofgeismar (2009) lässt die Teilnehmerinnen und Teilnehmer die Methodik verstehen. Mit frischen Ideen und gefühlter Leichtigkeit, gelingt es den Kirchentrojanern, Menschen dazu zu bringen, Orte im Kopf in Szene zu setzen, gedanklich eingefahrene Wege zu verlassen und damit neue soziale Räume zu erzeugen.[12]

Für die Innovationsvielfalt junger Menschen unterschiedlichster Disziplinen steht das Projekt „modellfallmatthäus"[13]. Initiiert wurde es von der Arbeitsgruppe „Regionale Impulse" zur Vorbereitung des 25. Evangelischen Kirchbautags in Stuttgart (2005). Studierende der Universität Tübingen (Theologie) und der Staatlichen Akademie der bildenden Künste in Stuttgart (Architektur und Design) geben der Stuttgarter Matthäuskirche als Ort des Glaubens neue Kraft, indem sie ihre Nutzung weiterentwickeln: Die Bedeutung „Kontextueller Fremdkörper" wird dabei ebenso untersucht wie das wechselseitige Verhältnis zwischen Gottesdienst und Raum bzw. Raummodifikationen. Die Kirchentrojaner, hier als Teilgruppe, lassen ihre Aktionskirche von der „Kunst der Irritation"[14] leben.

Kircheneigene, im positiven Sinne aufrührende Projekte, wie die „Garten.Eden.Kirche" (2009) in der neugotischen Christuskirche in Hannover (1859–1864 erbaut von Conrad Wilhelm Hase, dem Gründer der Hannoverschen Architekturschule), beschreiten neue Wege der religiösen Kommunikation. Die speziellen Licht- und Lautkompositionen im eiförmigen Gaze-Kokon inmitten des grünen Paradieses lassen den Alltag verschwinden und Kraft für Neues entstehen. Dieses Projekt des evangelisch-lutherischen Sprengels Hannover soll Menschen zur gemeinsamen Suche nach dem Paradies anregen.[15]

Auch das studentische Projekt der Bauhaus-Universität Weimar „Stillgelegt? 16 Dorfkirchen im Westhavelland – Eine Ausstellung zur Schrumpfung im ländlichen Raum"[16] (2006) erzeugt regional wie überregional neue Einsichten. Die Studierenden konstatieren „Weniger gefragt ist ästhetische Raffinesse, gefragt ist soziale Fantasie". Im gleichen Jahr fordern die Auslober der vierten „Messeakademie zur denkmal 2006"[17], die visionärkreativen Ideen junger Studierender heraus, um Kirchengebäuden und Klosteranlagen eine Zukunft zu ermöglichen.

Die Studien insgesamt, auch an der HAWK[18], zeigen deutlich, dass ein Miteinander von profaner und kirchlicher Nutzung in vielen Fällen nicht nur praktikabel ist, sondern zu einer echten Bereicherung werden kann.

Denkmalschutz und Denkmalpflege

Die Bewahrung denkmalgeschützter Kirchen im Verständnis eines gebauten Originaldokuments gehört zu den grundsätzlichen Zielen von Denkmalschutz und Denkmalpflege. Im Rahmen ihrer Fürstreiterfunktion obliegt es der amtlichen Denkmalpflege daher, angetragene Notwendigkeiten von Eingriffen zu bewerten, um die Bausubstanz der Kirchen vor unnötigen Substanzverlusten zu bewahren.

Eingriffe können im Rahmen der Weiternutzung entstehen, etwa infolge pastoraler oder ökumenischer Transformationen, wie dereinst für die liturgische Erneuerung nach dem zweiten Vatikanischen Konzil, oder auch infolge nutzungstechnischer Modifikationen, wie der Installation von Kirchenheizungen infolge gehobener Komfortansprüche des Kirchgängers. Im Kontext einer (Teil-)Umnutzung können die Eingriffe von minimaler bis umfassender Natur sein.

Bei der Bewertung von Eingriffen unterscheiden sich christliche Gotteshäuser aus kirchlicher Sicht in besonderer Weise von anderen historischen Bauwerken. Die tradierte Nutzung bildet jeweils zusammen mit der gebauten Hülle ein Originaldokument christlicher Baukunst. Damit ist das für die Bewertung von Eingriffen bedeutsame denkmalpflegerische Kriterium, wonach die behutsame bauliche Einpassung einer angemessenen Nutzung der baulich umfassenden Umnutzung vorzuziehen ist, nicht nur zu hinterfragen, sondern auf denkmalgeschützte Gotteshäuser nicht ohne Weiteres übertragbar.

Hier sollte die tradierte Nutzung nicht zugunsten einer maximalen Substanzerhaltung aufgegeben werden. Selbst dann nicht, wenn die (Teil-)Weiternutzung umfassendere Eingriffe notwendig werden lässt als eine behutsame Umnutzung. Kirchen stehen für Beständigkeit, ja geradezu für Ewigkeit. Die gebauten Symbole der christlichen Religion lassen die Unendlichkeit Gottes begreifbarer erscheinen. Eine Transformation der Nutzung ist deshalb sozial-gesellschaftlich ungleich folgenschwerer als bei anderen historischen Bauwerken.

Denkmalschutz und Denkmalpflege können, unbeschadet des notwendigen wie geleisteten immensen Engagements, das zuvor genannte Problem nicht lösen und daher dem Verfall der Kirchen und Kapellen im städtischen und ländlichen Raum nur begrenzt entgegenwirken. Grundsätzlich gehört zur Bewahrung des Zeugniswertes einer Kirche sowohl die Fortführung der Nutzung als auch die Bewahrung der originalen Bausubstanz und gegebenenfalls der Eingriffe späterer Bauphasen, sofern diese als bedeutsam bewertet werden. Im Fall eines Falles, dass die Kirchengemeinde jedoch das Gebäude auf Dauer nicht unterhalten kann, ist aus rein denkmalpflegerischer Sicht einer behutsamen Umnutzung der Vorzug zu geben, obwohl der Abriss aus christlicher, kirchentheologischer Sicht mitunter der sinnfälligere Weg sein kann.

Einen gangbaren Weg schlägt das „Maulbronner Mandat" (2005) vor. Die darin von den Teilnehmerinnen und Teilnehmern am 25. Evangelischen Kirchbautag im Kloster Maulbronn für Einzelfälle vorgeschlagene temporäre Stilllegung anstelle einer kirchengemeindlich sanktionierten Aufgabe der Kirchenräume setzt auf den Faktor Zeit. Damit können Betriebskosten deutlich gesenkt werden, die Bauunterhaltungskosten bleiben allerdings bestehen.

Der amtlichen Denkmalpflege ist es ein großes Anliegen, die Thematik der Umnutzung von leerstehenden Kirchen und Kapellen der Öffentlichkeit näher zu bringen, im laufenden Jahr 2011 beispielsweise auf der Werkstatt-Tagung „Kirchen im Dorf lassen. Erhaltung und Nutzung von Kirchen im ländlichen Raum" in Marburg. Veranstaltet wurde die Tagung von der Vereinigung der Landesdenkmalpfleger in der Bundesrepublik Deutschland mit dem EKD-Institut für Kirchenbau und kirchliche Kunst der Gegenwart und der Deutschen Stiftung Denkmalschutz mit Unterstützung des Deutschen Nationalkomitees für Denkmalschutz. In Ergänzung zur Tagung „Kirche leer – was dann? Neue Nutzungskonzepte für alte Kirchen" vor zwei Jahren in Mühlhausen/Thüringen, bei der die städtischen Kirchen stärker im Fokus standen, sind es nun die christlichen Kleinodien im ländlichen Raum, auch diejenigen, die nicht unter Denkmalschutz stehen. Die Verknüpfung erfolgt über die zur Eröffnung im Plenum vorgestellte Dokumentation[19] der vorangegangenen Tagung. Der „Aufruf zur Beteiligung bei der Erhaltung und Nutzung von Kirchen im ländlichen Raum" ist Ergebnis der Werkstatt-Tagung 2011.

NEUE WEGE DER KIRCHENNUTZUNG

 Weiternutzung, Umnutzung, Stilllegung versus Verfall oder Abriss

Während für die einen die zunehmende Leere zugleich auch Chance auf (dringend notwendigen) Wandel bedeutet, kündet sie für die anderen von einer unsicheren Zukunft. Der Begriff vom „Luxus der Leere"[20], den Wolfgang Kil in seiner gleich lautenden Streitschrift auf den Schauplatz Wohnungswirtschaft bezieht, hat für die Kirchen eine vergleichbare Dimension. Die fehlenden Finanzmittel der Kirchengemeinden führen in Kombination mit der Angst vor leeren Räumen zunehmend zu Entwidmungen von Gotteshäusern und infolgedessen zu Verkäufen, Umnutzungen und in Einzelfällen gar zu Abrissen.

Theologen, Pfarrer und Gemeindemitglieder, aber auch Architekten müssen den Kirchenraum erst neu entdecken, bevor sie über seine Zukunft entscheiden können. Für die Beurteilung von Szenarien zur Weiternutzung, (Teil-)Umnutzung oder Stilllegung und die daran anschließende Entscheidungsfindung ist es hilfreich, die unterschiedlichen Möglichkeiten der Nutzungsänderung von Kirchengebäuden zu strukturieren. Eine solche Strukturierung kann in mehreren Ebenen erfolgen, die das ganze Spektrum der möglichen Optionen abdecken, ausgehend von einer sehr behutsamen (Teil-)Umnutzung bis hin zu weitgreifenden Nutzungsänderungen eines Kirchengebäudes. Bei jeder Kirche muss, für sich betrachtet, die aktuelle Lage eingeschätzt sowie bewertet und daran anschließend entschieden werden. Die diskutierten und realisierten Möglichkeiten sind vielfältig:

- Weiternutzung
- Citykirchen und andere erweiterte kirchliche Nutzungen
- Kolumbarien bzw. Bestattungs-, Grabes-, Urnenkirchen
- Nutzung durch andere (christliche) Glaubensgemeinschaften
- Karitative Nutzungen

- Kulturelle Veranstaltungsräume wie Konzertsäle oder Ausstellungen
- (halb-)öffentliche Räume wie Museen, Bibliotheken oder Sportstätten
- Wohnen und Arbeiten
- Handel, Gewerbe oder Dienstleistung
- Stilllegung im Verbleib der Kirche

Nicht nur aus der Wichtigkeit für die Seelsorge begründen sich die Bedeutung eines Gotteshauses und die damit einhergehende Würdigung des Standortes. Jede Kirche hat eine andere Ausgangslage zu bewerten: das zugehörige Einzugsgebiet, die meist zentrale Lage des Grundstücks, die ortsbildprägende Funktion, aber auch die Verortung der Identität. Es gilt, Forderungen abzuwägen, wie jene aus dem städtebaulichen Kontext, die des derzeitigen Eigentümers und der derzeitigen Nutzer, wie auch der behördlichen Instanzen und gegebenenfalls der Denkmalpflege. Die an die Weiter-, (Teil-)Umnutzung oder Stilllegung gekoppelten Maßnahmen werden an ihrer Angemessenheit, Wirtschaftlichkeit, Authentizität und Reversibilität gemessen. Der eigentliche Prozess sämtlicher Überlegungen ist das Ergebnis eines längeren Dialogs zwischen den Beteiligten auf verschiedenen Ebenen, oft auch kontrovers, doch immer mit dem Ziel, den Eingriff in das Schutzgut auch als Chance zu begreifen.

Auf der Suche nach dem Königsweg bringt der „Evangelische Hochschuldialog" (2008) in Weimar, veranstaltet von der Initiative „Kirchen öffnen und erhalten für eine erweiterte Nutzung – Anstiftung zum Engagement" der Evangelischen Akademikerschaft in Deutschland (EAiD) und der Bauhaus-Universität, die kircheninterne wie auch die öffentliche Meinungsbildung ein maßgebliches Stück voran. Die „Erweiterte Nutzung von Kirchen – Modell mit Zukunft?" wird so intensiv wie kontrovers diskutiert. Die zugehörige Dokumentation[21] lässt denn auch das Fragezeichen bereits weg – als Symbol für den dadurch erfolgten Schritt in Richtung Zukunft der Kirchen. Das von Theologen, Architekten und Denkmalpflegern dort zum Abschluss verabschiedete „Weimarer Votum" beleuchtet den Wert der Kirchen und die drohenden Verluste, empfiehlt die erweiterte Nutzung als Modell der Zukunft, rät zu gemeinsamen Handlungsstrategien und zur Belebung des derzeitigen Diskurses durch Einrichtung einer „Werkstatt auf Zeit" als Anlauf-, Informations- und Beratungsstelle.

Zwischenzeitlich hat der EAiD-Arbeitskreis zudem eine erste Praxishilfe[22] zur Ermittlung der Wirtschaftlichkeit für die Konzeption erweiterter Nutzung von Kirchen herausgegeben. Die gegebenen Handlungsempfehlungen und Bewertungsmethoden helfen den Gemeinden während ihres individuellen Transformationsprozesses. Dabei wird angeraten, erfahrene Prozessbegleiter wie Theologen, Soziologen und Architekten als Mediatoren von Anbeginn einzubinden, um das sozial-gesellschaftliche Umfeld zu integrieren und die innergemeindliche Diskussion zu einem allseits akzeptablen Ergebnis zu bringen.

Das in der „Resolution zur Frage der Um- und Weiternutzung von Kirchengebäuden in Deutschland" (2009) auf der Tagung „Kirche leer – was dann?"[23] in Mühlhausen/Thüringen geforderte bundesweite Mediationsverfahren zum Zwecke der Transformation von Kirchengebäuden in die Zukunft ist auch kleinmaßstäblich, d.h. bezogen auf den Kirchenkreis bzw. die Kirchengemeinde zu integrieren.

Zahlreiche Förderkreise und Stiftungen zum Erhalt von Kirchen geben anregende Impulse ob der potentiellen Möglichkeiten erweiterter Nutzung: beispielsweise der Förderkreis Alte Kirchen Berlin-Brandenburg e.V. mit seinem Projekt „Kunst und Kultur in Brandenburgischen Dorfkirchen", der Förderkreis alte Kirchen Marburg e.V., der seit einem halben Jahrhundert die Aufmerksamkeit auch auf die Fachwerkkirchen in Ober- und Niederhessen lenkt, die Stiftung Entschlossene Kirchen im Kirchenkreis Zerbst mit dem Gedankengut der Themenkirchen. An der einen oder anderen Stelle geben hier manchmal sogar profanierte Kirchen Anregungen, wie Gotteshäuser mittels erweiterter Nutzung erhalten werden können. Die Gründung eines Netzwerks zur Bewahrung von Gotteshäusern in Europa war das Ergebnis der internationalen Konferenz „Future for Religious Heritage – The European network for historic places of worship" in Canterbury/Großbritannien (2010).

Während bis zum Ende des 20. Jahrhunderts unter Kolumbarien in der Regel eine Räumlichkeit mit offenen oder geschlossenen Nischen zur Aufbewahrung der Urnen auf dem städtischen oder kirchlichen Friedhof verstanden wurde, ist der Begriff im 21. Jahrhundert erweitert worden. Derzeit sind Kolumbarien in Kirchen verstärkt nachgefragt, insbesondere wenn ein ganzheitlicher und christlicher Ansatz geboten wird. In städtischen Kirchen entstehen sie vermehrt seit 2004. Für Kirchen und Kapellen im ländlichen Raum sind sie (noch) ein Novum, doch erste Planungen stehen, werden in Norddeutschland möglicherweise bereits 2011 umgesetzt.

Bei der Umwidmung ausgewählter Kirchen und Kapellen zu Kolumbarien bleiben diese Gotteshäuser trotz zwischenzeitlich notwendiger Profanierung uneingeschränkt Orte christlicher Verkündigung, sie stehen für die christliche Botschaft der Auferstehung. „Die Kirche als Sachwalterin der letzten Dinge könnte hier ein eigenes Profil gewinnen."[24] So lautet die These des Direktors des Museums für Sepulkralkultur in Kassel, Reiner Sörries in seinem Buch „Urnenkirche oder Kirchenwald – Kirchliche Friedhofskultur heute".

Als mögliche erweiterte Nutzung von Kirchen kann sowohl die Teilnutzung von Gotteshäusern als Kolumbarium, wie beispielsweise in der katholischen Allerheiligenkirche in Erfurt oder der evangelischen St. Paulikirche in Soest, verstanden werden als auch die vollständige Umwidmung von Kirchenräumen zu Kolumbarien, wie beispielsweise in der ehemaligen katholischen Pfarrkirche St. Konrad in Marl vollzogen oder für die evangelische Marienkapelle in Markoldendorf geplant.

Die Wahrnehmungen um die Einrichtung von Kolumbarien in Kirchen und Kapellen werden von Gläubigen kontrovers diskutiert, innerhalb der Katholischen wie auch der Evangelischen Kirche, zwischen den Theologen, zwischen den Mitgliedern der Kirchengemeinden, insbesondere mit Blick auf das Verständnis um den toten Körper und seine Bedeutung für die Auferstehung.[25]

Die studentischen Bereisungen von viel diskutierten als auch weniger bekannten Fallbeispielen, die weiter hinten im Buch beschrieben sind, erbrachte bemerkenswerte Ergebnisse, ging es doch nicht nur um Fakten zu den Urnenplätzen oder zur Ästhetik der Architektur, sondern auch um die Philosophien und die jeweilige Akzeptanz der zu Kolumbarien umgewandelten Kirchen.

WANDEL IN DER SEPULKRALKULTUR

 Zum Wandel in der Bestattungskultur

Die steigende Anzahl von Feuerbestattungen ist sicherlich dem Selbstverständnis der modernen Gesellschaft geschuldet. Die christliche Erdbestattung orientierte sich lange Zeit an der Grablegung Jesu Christi, von Gott zur Erlösung aller Menschen gesandt. Statistisch betrachtet überwog die Anzahl der Erdbestattungen jene der Feuerbestattungen. Obwohl die katholische Kirche bereits 1963 die Feuerbestattung als Bestattungsform der Erdbestattung kirchenrechtlich gleichstellte, belegen die Daten des Statistischen Bundesamtes, dass erst seit dem Jahre 2007 die Präferenz für Erdbestattungen endete.

Alternative Bestattungsarten[26] wie Kyronik, die Konservierung bei tiefen Temperaturen, wie Auflösung durch starke Laugen, Plastination oder Körperspende sind die Ausnahme. Die Bestattung durch Mumifizierung gehört (weitgehend) der Vergangenheit an.

Vielfältig sind dagegen die heutigen Beisetzungsformen. Die Individualisierung der Menschen bis hin zu traurigen Vereinsamungsphänomenen, ausgelöst durch verstärkte Anforderungen an die Mobilität in der Arbeitswelt, Wandel in der Familienstruktur, aber auch monetäre Sorgen und wirtschaftliche Zwänge, haben unsere Bestattungskultur verändert. Die Sorge darum, wer sich nach dem Tod um das Grab kümmern wird, wächst. Eine infolgedessen getroffene Entscheidung zu anonymer Bestattung hat bestürzende Folgen, wenn Hinterbliebenen erst im Nachhinein bewusst wird, dass der zur Trauer notwendige, konkrete Ort der Erinnerung fehlt.[27] Nicht zuletzt mit dem Wegfall des Sterbegeldes der gesetzlichen Krankenkassen im Jahr 2004 hat die persönliche Bestattungsvorsorge mehr an Bedeutung gewonnen. Entscheidungen zur Bestattungsart, zum Ort und Ritual der Beisetzung, beispielsweise lokalisierbar oder nicht, religiös geprägt oder anonym, werden zunehmend frühzeitig und eigenverantwortlich getroffen.

Auch der Blick in die Schaufensterauslagen örtlicher Bestattungsunternehmen spiegelt den Wandel in der Bestattungskultur wider. Waren deren Auslagen bis dato de-

zent und unauffällig gestaltet, machen sie heute auf die Bandbreite und Vielfältigkeit der Angebote aufmerksam. Oftmals steht nicht mehr ein einzelner Sarg oder eine einzelne Urne vor einen Vorhang im Blickpunkt, immer häufiger werden die Bestattungsformen und Beisetzungsalternativen veranschaulicht, öffnen sich die Schaufenster. Neben den klassischen Beisetzungsformen in Sarg oder Urne auf dem kommunal oder kirchlich betriebenen Friedhof verweisen sie vermehrt auf jene in Bestattungswäldern, auf See und in zu Kolumbarien umgewidmeten Kirchen.

Die Kirche versteht sich als Gemeinschaft der Lebenden und der Toten. Zur christlichen Erinnerungskultur gehört die Überzeugung, dass jeder Mensch einen Namen hat, der ihm von Gott gegeben wurde. In Jesaja 43.1 steht geschrieben: „Fürchte dich nicht, denn ich habe dich erlöst; ich habe dich bei deinem Namen gerufen; du bist mein!"[28] Kolumbarien in Kirchen und Kapellen als Orte gelebter Andacht erfüllen also die Hoffnung auf christliche Erinnerung. Die Urnenplätze werden namentlich gekennzeichnet und zugleich ist für Pflege über die gesamte Ruhezeit hinweg gesorgt. Nach Ablauf der Ruhezeiten kommen die Aschen der Verstorbenen in eine Aschegrube, die Namen werden zumeist auf Gedenktafeln verewigt, mancherorts aber auch in sogenannten Schreinen der Erinnerung verwahrt.

Die auf den meisten Friedhöfen gegebene Möglichkeit namenloser bzw. anonymer Beisetzung oder einer Beisetzung ohne christliche Rituale wird in Kolumbarien in christlichen Gotteshäusern in aller Regel aus theologischen Überlegungen ausgeschlossen. Darüber hinaus gibt es viele Parallelen zu den Beisetzungsritualen auf Friedhöfen.

Das Kolumbarium als „Gestalt gewordene Theologie"[29] kann ein „Dach für die Seele"[30] bieten, auch deshalb, weil sich Trauernde durch die räumliche Nähe hier intensiver zusammengehörig fühlen als anderenorts. Das gilt unbeschadet dessen, ob die Kirche insgesamt oder nur in Teilen als Ort der Beisetzung genutzt wird. Als emotional gefühlter Ort der Begegnung kann das mit der Auferstehungshoffnung verbundene Kolumbarium zum festen Bestandteil der Trauerpastoral der örtlichen Seelsorge werden.

Individualität am Ort der Beisetzung

Teil der klassischen Beisetzung von Särgen und Urnen auf Friedhöfen war das mit dem Namen des verstorbenen Menschen versehene Gedenk- oder Erinnerungsmal, bestehend aus Platten, Kreuzen, Stelen oder Skulpturen, teilweise mit Einfriedung, teilweise auch monumentaler gestaltet als Grabbau. Es war und ist vor allem der Gestaltungswille der Angehörigen der Verstorbenen, die die Friedhofsanlagen prägen. Zahlreiche Publikationen[31] zu den Gestaltungsprozessen auf Friedhöfen belegen die unterschiedliche Bedeutung von Grabmalen für das Selbstverständnis der verschiedenen sozialen Gesellschaften ihrer Zeit.

Derzeit wird die Diskussion vermehrt wie auch kritisch über Individualisierung und Anonymisierung der vielfältiger gewordenen Beisetzungsorte geführt. Einerseits zeigen viele Platten, Stelen oder Skulpturen inzwischen wieder Fotografien der Verstorbenen, geben Auskunft über den Beruf, veranschaulichen mittels Gravuren ihre Hobbys. Es gibt individuelle Grabbeigaben wie Keramikengel, Herzen, Bilderrahmen oder Plüschtiere. Dabei geht es auch darum, die Spuren der Verstorbenen, die sie den Lebenden hinterlassen haben, sichtbar zu machen. Andererseits finden sich ebenso in großer Anzahl schmucklose wie pflegeleichte Abdeckungen, immer mehr verwahrloste Grabstätten, Bereiche für anonyme Beisetzungen. In der Frankfurter Allgemeinen Sonntagszeitung war vor einigen Monaten zu lesen: „Die letzte Reise kennt viele Wege. Der Eichensarg im Reihengrab hat bald ausgedient. Die Beer-

digungen werden immer individualistischer und die Gräber pflegeleichter. Der Bestattermarkt ist im Umbruch."[32] Das moderne Friedhofsmanagement für den klassischen Friedhof[33] – ob im städtischen oder im kirchlichen Betrieb – spiegelt diese Tendenzen wider. Auf dem Friedhof reichen inzwischen sowohl für Erdbestattungen wie auch für Urnenbeisetzungen die Angebote zumeist vom Wahl-, Reihen- oder Rasengrab über den Memoriam-Garten bis hin zur anonymen Sargwiese oder zum Urnenhain. Der Bund deutscher Friedhofsgärtner ist deshalb mit der im Jahre 2009 entwickelten Imagekampagne „Es lebe der Friedhof!"[34] auf der Bundesgartenschau 2011[35] vertreten. Die

Kampagne steht ganz im Zeichen individueller Grabgestaltung. Der ebenfalls vertretene Bundesverband Deutscher Steinmetze[36] zeigt anhand von 115 Grabgestaltungen und Denkmälern die Ergebnisse seines jüngsten Grabzeichenwettbewerbs zu Themen wie Memoriam-Garten; Spiel mit Farben, Akzenten und Kontrasten; Symbol und Sprache; Spannungsräume, Formen, Strukturen, Texturen; Außergewöhnliche Pflanzen und Pflanzenkombinationen; Lebenslinien. Eine der Ausstellungstafeln im Übergangsbereich zum Gelände „Grabgestaltung und Denkmal" beschreibt die Anlass gebenden neuen Lebenswelten als vielfältiger und bunter. Wie wir leben, kann sich auch dort widerspiegeln, wo wir unsere letzte Ruhe finden – am Grab.

Parallele Welten kennzeichnen die Entwicklung im konkreten wie im spirituellen Raum. Die sich zunehmend entwickelnde Vielfalt in der Sepulkralkultur beinhaltet auch einen Verlust der gemeinsamen Trauerrituale und gemeinsamer Erinnerungsorte, insbesondere wenn man an die Möglichkeiten der Verstreuung der Asche oder aber auch an die Seebeisetzungen denkt. Bei eigentlich unverorteten Beisetzungen unter Sargwiesen oder in Urnenhainen kennzeichnen oftmals lediglich kleine Natursteine mit nummerischen oder kreuzförmigen Gravuren den Ort einer Beisetzung. Gleichzeitig ist vermehrt zu beobachten, dass auf diesen Beisetzungsflächen Blumen, Kränze, Kerzen, kleine Beigaben an jener Stelle liegen, die sich Trauernde bei der Beisetzung gemerkt

haben. Im Rahmen der Friedhofspflege werden diese üblicherweise regelmäßig beräumt. Die speziell ausgewiesenen Ablageflächen für Blumen und Beigaben des Gedenkens werden – wegen ihrer häufig lieblosen Gestaltung? – kaum genutzt. Selbst in Bestattungswäldern, wo in der Regel einzig das Ablegen von Fundgut aus dem Wald selbst, wie Äste und Steine, erlaubt ist, um beispielsweise keine artfremden Pflanzensamen oder gar waldfremde Schädlinge einzutragen, finden sich immer wieder Blumenarrangements und Anderes, das hier konsequenter Weise von den zuständigen Förstern entfernt wird.[37]

Derzeit kommt es zunehmend zu Spannungen zwischen hinsichtlich der Individualität und Anonymität unterschiedlich fühlender Trauernder, aber auch zwischen diesen und dem ein oder anderen Friedhofsmanagement. Öffentlich werden diese Dissonanzen mitunter in der Tagespresse[38]. Die zunehmenden Diversifikationsmöglichkeiten in der Bestattungs- und Beisetzungskultur erfordern sicherlich zunehmend eine erhöhte Toleranz im unmittelbaren Mit- und Nebeneinander.

Phänomene bei der Verortung und im Maß der Grab- und Schmuckbeigaben sind auch in Kolumbarien zu beobachten und bei der Konzeption und Ausgestaltung zu berücksichtigen. Jedes Kolumbarium benötigt abgestimmte Regeln. Diese individuell gewählten Lösungen unterscheiden die Kolumbarien und müssen deshalb vor Unterzeichnung des Mietvertrages für die Ruhezeit der Aschekapsel bzw. Urne bekannt sein. Die gewählte Etikette ist nicht nur Teil der Trauerpastoral, sondern auch Teil des Betriebskonzeptes.

Desgleichen ist für die jeweilige Kolumbariumskonzeption und -ausgestaltung, genauso wie auf Friedhöfen, über die Notwendigkeit verschiedener gemeinschaftlicher Grabformen nachzudenken, die gemäß statistisch ausgewerteter Befragungen[39] zunehmend an Bedeutung gewinnen. So wählen beispielsweise Betroffenengemeinschaften (vgl. das „Grabfeld HSV" auf dem Friedhof Altona, die Gemeinschaftsgrabstätte AIDS-Hilfe Frankfurt e.V. auf dem Frankfurter Hauptfriedhof, …) im Rahmen der Bestattungsvorsorge derartige gemeinschaftliche Grabformen.

Auch über das Angebot der Beisetzung tot geborener Kinder und die Verortung der Trauer um diese Sternenkinder ist nachzudenken. Ziel ist es dabei, auch deren „Unvergänglichkeit einen Raum geben"[40] zu können.

Um vor Ort bestehende Bedürfnisse, Bedenken, Wünsche und Hoffnungen zu erkennen, ist eine frühzeitige und vor allem enge Zusammenarbeit zwischen Kirchenkreis, Kirchengemeinde, Planern und Betreibern nötig.

Theologische Aspekte

Beitrag von Pastor Gunnar Jahn-Bettex

Hinsichtlich der Bestattung haben Theologen in erster Linie den Trauer*gottesdienst* im Blick.

Die VELKD (Vereinigte Evangelisch-Lutherische Kirche Deutschlands) regelt in ihren „Leitlinien kirchlichen Lebens"[41] die Funktion des Bestattungsgottesdienstes so: „Der Gottesdienst zur Bestattung soll der Hoffnung auf die Auferstehung der Toten Ausdruck geben. Er soll das zu Ende gegangene Leben des verstorbenen Gemeindegliedes und die hinterbliebenen Angehörigen im Blick haben."[42]

Die Funktion von Friedhöfen spielt in diesem Zusammenhang keine Rolle. Dabei könnte der Ort der Bestattung mit seiner ‚Raumsprache' hier einen wichtigen Beitrag leisten: Zum einen während der Trauer- bzw. Beisetzungsfeier unterstützend und zum anderen zu jedem anderen Zeitpunkt, immer wenn trauernde Menschen den Ort der Beisetzung aufsuchen, um Trost zu finden. Der Verlust eines nahe stehenden Menschen macht oft sprachlos. Dann ist es gut, wenn der Trauer*ort* selbst schon in Trost spendenden und Hoffnung stiftenden Bildern und Symbolen zu den Menschen spricht. Hier kann ein Kirchgebäude, das als Kolumbarium genutzt wird, einen wesentlichen Beitrag leisten. Die Grundfunktionen christlicher Bestattung gelten nun dabei gleichermaßen für den Trauergottesdienst wie für den Trauerort. Diese sind:

1. Verkündigung des Evangeliums angesichts des Todes,
2. Dienst am Verstorbenen,
3. Dienst an den Hinterbliebenen.

Verkündigung des Evangeliums angesichts des Todes

Im Zentrum des christlichen Glaubens und auch allen kirchlichen Handelns steht die Verkündigung des gekreuzigten und auferstandenen Christus. Dieser begründet die christliche Hoffnung, selbst an diesem Auferstehungsgeschehen teil zu haben. Programmatisch hierfür ist das Jesuswort aus dem Johannesevangelium (Joh. 11,25f.): „Ich bin die Auferstehung und das Leben. Wer an mich glaubt, der wird leben, auch wenn er stirbt. Und wer da lebt und glaubt an mich, der wird nimmermehr sterben. Glaubst du das?"

Damit geht es im Kern darum, dass das menschliche Leben nicht im Nichts, also in Beziehungslosigkeit, endet, sondern in eine neue Dimension mündet. Wie man sich die ‚Auferstehung der Toten' vorzustellen hat, wird in der Bibel nicht genauer beschrieben. An eine leibliche Kontinuität jedenfalls ist dabei nicht gedacht. Vielmehr liegt die Kontinuität gerade bei Gott, der den Menschen „verwandelt" (1. Korinther 15,51) bzw. „unverweslich" (1. Korinther 15,42) auferstehen lässt.

Nicht das „Wie" der Auferstehung ist damit entscheidend, sondern dass Gott seine Beziehung zum Menschen mit dem Tod nicht abbricht.

Friedhöfe erzählen selten von solcher Auferstehungsbotschaft. Selbst auf Friedhöfen in kirchlicher Trägerschaft scheint christliche Auferstehungssymbolik eher zufällig zu sein, etwa, wenn Angehörige ein Kreuz auf den Grabstein gravieren lassen. Fried- oder Ruhewälder, die sich in jüngster Vergangenheit einer gewissen Beliebtheit erfreuen, transportieren konzeptionell das Eingehen des Leibes in den Kreislauf der Natur. Diese kann im christlichen Sinn zwar auch als Gottes Schöpfung verstanden werden, dennoch wird an dieser Stelle der Glaube an die Auferstehung nicht schon von den äußeren Bedingungen her befördert.

Die Kirche als Beisetzungsort spricht in die Situation der Trauer hinein ganz klar die sinnstiftende Sprache eines Raumes der Verkündigung von der Auferstehungsbotschaft.

Dazu muss man zunächst nicht einmal viel am Gebäude ändern. Die weitaus meisten Kirchen sind deutlich als solche zu erkennen, und damit auch als der Ort der sich versammelnden Gemeinde um Gottes Wort. Bauliche Veränderungen sollten so vorgenommen werden, dass sie die christliche Symbolik nicht schwächen, sondern verstärken.

Dienst am Verstorbenen

In der heutigen mobilen Gesellschaft gibt es immer mehr Menschen, die an ihrem Wohnort keine Familie oder nahe Verwandte haben. Damit wächst zunehmend die Sorge, dass sich niemand um das eigene Grab wird kümmern können.[43] Aus diesem Grund gibt es einen deutlichen Trend hin zum pflegeleichten Urnengrab, das im nicht seltenen Extremfall anonym gehalten wird.[44]

Im Gegensatz zur Feuerbestattung macht die Erdbestattung besonders deutlich, dass der Mensch am Lebensende zu dem zurückkehrt, wovon er genommen wurde. Diese Symbolik ist bei der Feuerbestattung nur indirekt, nämlich *nach* der Bestattung, bei der Urnen*beisetzung* in der Erde des Friedhofs, nachvollziehbar.[45] Der Auferstehungsglaube wird nun aber nicht wesentlich durch die Bestattungsart gefährdet oder genährt, da die Auferstehung eben *nicht* als Kontinuität des Leibes gedacht ist. Deshalb widerspricht auch nicht schon die Feuerbestattung selbst dem Auferstehungsglauben, sondern vielmehr die anonyme Beisetzungsform.

In der christlichen Trauerfeier wird an den in der Taufe geschlossenen Bund Gottes mit den Menschen erinnert. Auf den Namen des dreieinigen Gottes werden wir getauft.[46] *Unsere* Namen bleiben nun über den Tod hinaus bei Gott aufgehoben, in dessen Herrschaftsbereich wir uns mit der Taufe begeben haben (Lukas 10,20b): „Freut euch, dass eure Namen im Himmel geschrieben sind." Daran erinnern die Namen der Verstorbenen auf den Gräbern. Der anonymen Beisetzung sollte deshalb aus christlicher Sicht entgegengewirkt werden.[47]

Dass unsere Namen in alle Ewigkeit bei Gott aufgehoben sind, darf allerdings nicht zur irrigen Annahme führen, dass mit den Namen von Menschen gleichsam eine wie auch immer geartete Wertigkeit der Person bewahrt würde. Unter irdischen Bedingungen wirken sich Vermögensverhältnisse, körperliche und geistige Verfasstheit, auch das Geschlecht, im Extremfall sogar Volkszugehörigkeiten oder Zuordnungen von Menschen in Rassen auf das Leben aus. Vor Gott gelten diese Unterscheidungen nicht.[48] Nicht zu Lebzeiten, aber auch nicht im Tod. Deshalb sollten solche Maßstäbe wenigstens im Tode keine Rolle mehr spielen. Damit verbieten sich für ein Kolumbarium die Unterscheidung zwischen teuren „Prunkgräbern" und günstigen „Armengräbern"; ebenso eine Kirchenmitgliedschaft zu Lebzeiten als Voraussetzung für die Beisetzung.

Dienst an den Hinterbliebenen

Hier geht es zunächst um Trost. Der Verlust eines Menschen verursacht Trauer. Die christliche Verkündigung während der Trauerfeier und der seelsorgerliche Beistand versuchen solchen Trost zu spenden. Dies kann gelingen oder auch nicht. Aber ebenso kann sich der Beisetzungsort positiv wie negativ auf den Trauerprozess auswirken. Gerade die zuvor schon behandelte Frage der Anonymität hat nicht selten Konsequenzen für die Bewältigung eines Verlustes. Angehörige vermissen bei anonymen Beisetzungen häufig einen konkreten Ort, den sie mit dem Tod des Verstorbenen verbinden und an dem sie trauern können.

Ferner wächst der Wunsch nach individueller Gestaltung der Trauer, zu der sowohl spezielle Wünsche für eine Trauerfeier wie auch ein möglichst persönlich zugeschnittener Ort der Bestattung gehören.

Die christliche Symbolik am Ort der Bestattung sowie das sichtbare Festhalten am Namen des Verstorbenen können in diesem Punkt einen wesentlichen Beitrag leisten und eine Alternative zu Friedwäldern und Särgen in der Form einer Jimi-Hendrix-Gitarre (für Rock-Fans) oder eines überdimensionalen Korkenziehers (für Weinliebhaber) darstellen.

Nicht zuletzt bedeutet der Dienst an den Hinterbliebenen jedoch auch eine Ermahnung in Form der Besinnung auf die eigene Sterblichkeit. In einer Welt, in der der Tod vielfach verleugnet wird[49], ist es gut, ihn mit einem Friedhof in Form des Kolumbariums im Zentrum eines Ortes wieder mehr ins kollektive Bewusstsein zu rücken. „Lehre uns bedenken, dass wir sterben müssen, auf dass wir klug werden."[50] Das memento mori bewahrt davor, den Tod zu verdrängen und fördert stattdessen die Auseinandersetzung mit der eigenen Vergänglichkeit.

LETZTE RUHE IN KOLUMBARIEN

 Ausstellung zum HAWK-Seminar
»Letzte Ruhe in Kolumbarien«

Zur Vorbereitung der anstehenden eigenen Entwurfsplanungen für ein Kolumbarium in der Marienkapelle in Markoldendorf haben sich die Studierenden zunächst mit dem Sterben, dem Tod und der zugehörigen Trauerpastoral beschäftigt. Dazu gehört die vorbeschriebene Auseinandersetzung mit dem Wandel in der Bestattungskultur ebenso wie mit zeitgemäßen Bestattungsorten und Beisetzungsritualen, mit der konfessionsbezogenen christlichen Symbolik und mit bereits gebauten Beispielen.

Anschließend wurden die nachfolgend vorgestellten Fallbeispiele in Zweiergruppen bereist. Die Studienreisen hatten zum Ziel, sich und die interessierte Öffentlichkeit in Markoldendorf umfassend über das in den letzten zehn Jahren zunehmend an Bedeutung gewinnende Thema Kolumbarien zu informieren. Viele der zeitgenössischen Bauten sind zwar in Fachzeitschriften publiziert, der Öffentlichkeit hingegen sind sie in der Regel nur bezogen auf Fallbeispiele in der näheren Umgebung vertraut. Der Schwerpunkt der Bereisungen lag auf Kolumbarien in Kirchen sowie auf ausgewählten Urnengrüften unter Kirchen; doch jenes im Kreuzgang des ehemaligen Nonnenklosters Wormeln sollte ebenso wenig fehlen wie die Urnenkolonnade auf dem Hauptfriedhof in Gotha oder das neue Kolumbarium auf dem Neuen Friedhof in Rostock.

Dem Bedürfnis nach Information und Diskussion geben die Studierenden mit der einwöchigen Ausstellung »Letzte Ruhe in Kolumbarien« öffentlichen Raum. Zur Eröffnung ist die kleine Marienkapelle in Markoldendorf bestens gefüllt. Bildunterstützt berichten sie von ihren individuellen Erlebnissen. Vor Ort, ob in Erfurt, Soest, Marl oder anderswo, überall haben sie mit den Menschen gesprochen, mit Trauernden, für den Betrieb Verantwortlichen, mit zufälligen Besuchern, Nachbarn und Passanten. Die nach der Präsentation entstehende Dis-

kussion zeigt, dass die Anwesenden insbesondere an den emotionalen Aspekten der vor ihnen stehenden jungen Menschen und der von ihnen Befragten interessiert sind. Es sind ihre persönlichen Eindrücke und Erlebnisse, aber auch jene von Dritten, die die Studierenden in ihren Vorträgen anschaulich mit nach Markoldendorf bringen:

Für viele Angehörige ist es etwas Besonderes, mit dem geliebten und vermissten Verstorbenen gemeinsam eine Messe feiern zu können. In einigen Kolumbarien werden die Gottesdienste bzw. Messen nach der Umwidmung des Gotteshauses bemerkenswerter Weise wieder stärker besucht. Angehörige finden stärkeren Trost durch das vertraute Umfeld eines Gotteshauses. Hier fühlen sie sich intensiver verortet als auf dem Friedhof. Die Studierenden erfahren, dass insbesondere gebrechliche Menschen das Verweilen mit dem verstorbenen Angehörigen im Innenraum als weniger beschwerlich empfinden als auf dem Friedhof. Sie hören, dass Trauernde ihren verstorbenen Partner umbetten ließen, da es vor zehn Jahren diese Form der Beisetzung noch nicht gegeben hat. Sie begegnen Menschen, die das Kolumbarium aus Interesse besichtigen, da sie Vorsorge treiben möchten und auch die Gewissheit um die gesicherte Pflege ihrer Beisetzungsstätte bei der Entscheidung für ein Kolumbarium schätzen. Die Studierenden können auch bestehende Unsicherheiten in der Bevölkerung mindern, die in Fragen wie jenen nach dem Verbleib der Asche nach Ablauf der Ruhezeiten zum Ausdruck kommen oder jenen, wie man Konflikte zwischen mitunter lauten innerörtlichen Nutzungen und im Kolumbarium Ruhe suchenden Trauernden vermeiden kann, wie Hochzeiten und Taufen im Angesicht von Urnenstelen empfunden werden und vieles mehr.

Die vor Ort entstehende größere Sachkenntnis ist den Begründern und Mitgliedern des Arbeitskreises „Zukunft der Marienkapelle" in Markoldendorf wichtig. Ein Kolumbarium in der Marienkapelle kann insbesondere dann mehrheitlich getragen werden, wenn die Bürger-

schaft konstruktiv in den Findungsprozess einbezogen ist. Die unvoreingenommene Berichterstattung junger aufgeschlossener und dabei keineswegs unkritischer Studierender kann hier wie anderenorts Hilfestellungen geben. Die Lehrenden fassen die Ergebnisse der studentischen Bereisungen in einer kleinen Begleitbroschüre[51] zusammen, so dass die Ausstellungsbesucher ausgewählte visuelle Eindrücke auch mit nach Hause nehmen und dort mit Dritten diskutieren und ihre eigene Position finden können. Die lokale Tagespresse spiegelt das große öffentliche Interesse in ihren zugehörigen Berichten[52] wider.

Die von den Studierenden bereisten Kolumbarien sind nachfolgend chronologisch bezogen auf ihre Nutzung bzw. ihre erweiterte Nutzung als Kolumbarium geordnet. Der Abschnitt der Bereisungen schließt mit dem in Planung befindlichen Kolumbarium Hoheneggelsen und einem Wettbewerbsentwurf zum Kolumbarium in der Kirche St. Bartholomäus in Köln-Ehrenfeld als Symbol dafür, dass das Thema „Gotteshäuser als letzte Ruhestätte" aktueller den je ist. Dem Abschnitt der Bereisungen folgt dann die ausführliche Darstellung der HAWK-Projektarbeit zum Kolumbarium in Markoldendorf.

Das historische Gothaer Kolumbarium

Am Rande der Stadt Gotha, inmitten des 20 Hektar großen Zentralfriedhofes, befindet sich das inzwischen denkmalgeschützte erste Krematorium Deutschlands. Durch die bahnbrechende Technik wurde die Anlage auf dem Gothaer Hauptfriedhof weit über die Landesgrenzen hinaus bekannt.

Die erste Einäscherung in dieser, einst modernsten Anlage der Welt fand 1878 statt, wobei es sich um den Erbauer des Krematoriums, den Bauingenieur Carl Heinrich Stier, handelte. Bereits 1892 reichte die im neoklassizistischen Stil zeitgleich errichtete Urnenkolonnade nicht mehr aus, sodass die Anlage um eine halbkreisförmige Urnenhalle, auch hier Kolumbarium genannt, erweitert wurde. Hier fand z.B. Bertha von Suttner, österreichische Pazifistin und Schriftstellerin, erste Friedensnobelpreisträgerin und Fürstreiterin für die Feuerbestattung und das Krematorium Gotha, aufgrund testamentarischer Verfügung ihre letzte Ruhestätte.

Kolumbarium in der Krefelder Pfarrkirche Erscheinung Christi[53]

Dauerhaftigkeit trotz Wandel ist für die Bau- und Nutzungsgeschichte der katholischen Pfarrkirche Erscheinung Christi ein wiederkehrendes Thema. Das ursprünglich dreischiffige Kirchenschiff wurde in den Jahren 1892–1894 erbaut und damals auf den Namen Christuskirche geweiht. Erneut eingeweiht wurde das Gotteshaus 1951 nach der Instandsetzung der Kriegsschäden. Nur sechs Jahre später erfolgt eine erste erweiterte Nutzung. Mittels Zwischendecke wurde die Kirche horizontal geteilt. Im Erdgeschoss entsteht ein großer Saal für das Gemeindezentrum und im nun geschaffenen Obergeschoss der neue Gottesdienstraum. Vor dem Haupteingang wird zudem ein sechsgeschossiger Kirchturm mit einem Kuppeldach errichtet. Am Dreikönigstag 1997, mit der Fertigstellung des Umbaus der oberen Etagen zum Alten- und Pflegezentrum, erfolgt die dritte Weihe. 2004 wird die ursprüngliche Nutzung aus rein diakonischen Gründen mit der Einrichtung eines Kolumbariums im Seitenschiff zum dritten Mal erweitert, vorgesehen für die Beisetzung von verstorbenen Gemeindemitgliedern. Die Materialwahl für die Wände und Nischen fällt, in Analogie zu den vorhandenen Kirchenbänken, auf Eiche.

Grabeskirche St. Josef in Aachen[54]

Die große, neugotische Kirche St. Josef ist seit 1894 ein Wahrzeichen des zugehörigen Aachener Arbeiterviertels. Der Ort birgt viele Erinnerungen – Gebete, Taufen, Erstkommunionen, Hochzeiten, Trauerfeiern. Nach der Zusammenlegung zweier Gemeinden übergeben die Gemeindemitglieder 2006 ihre katholische Kirche St. Josef als Urnenbeisetzungskirche einer neuen Bestimmung.

Zu bedächtigen Anlässen werden weiterhin Messen gelesen. Die Beisetzung der Aschekapseln erfolgt im Anschluss an die von christlichen Riten geprägten Trauerfeierlichkeiten in Blöcken aus europäischem Naturstein in schlanken Stelen aus Beton. Das ästhetisch ansprechende Gesamtkonzept als moderne Interpretation der uralten Symbolik mit dem Weg, der entlang des Flusses des Lebens bis zum Taufstein unter der Vierung hin zu Gott führt, überzeugt und generiert eine hohe Nachfrage.

Kolumbarium St. Konrad in Marl[55]

Das Deutsche Nationalkomitee für Denkmalschutz macht anlässlich seiner Pressefahrt 2009 die Kirchenleerstandsproblematik öffentlich und zeigt als einen gelungenen Lösungsansatz das Kolumbarium in der ehemaligen Pfarrkirche St. Konrad der katholischen St. Franziskusgemeinde in Marl, die 2006 zu einer Bestattungskirche wurde. Aus dem Johannesevangelium (14,2) ist das Leitmotiv entlehnt: „In meines Vaters Hause sind viele Wohnungen."[56] 2008 kommt es zudem zur Entscheidung, im Kolumbarium St. Konrad auch Sozialbestattungen zu ermöglichen.

Die Wandelemente für sämtliche Urnenkammern bestehen aus den Raum einheitlich prägenden Basaltsteinelementen. Nach der Ruhezeit wird die Asche in einem Sammelgrab vor den Altarstufen auf Dauer geborgen. Mit emotional geprägten Formulierungen fasst ein Mitbürger die derzeitige Stimmung vor Ort wie folgt zusammen: „»Mit den Toten kommt das Leben in die Siedlung zurück«."[57]

Urnenbegräbnisstätte Allerheiligenkirche in Erfurt[58]

Zahlreiche historische Grabtafeln, einst im Kircheninneren und heute im Außenraum verortet, zeugen von der langen Tradition der katholischen Allerheiligenkirche als gemeinschaftlicher Ort der Lebenden und der Toten inmitten der pulsierenden Altstadt. Eine transparente Glaswand gliedert das Kircheninnere in zwei Zonen: Nur für Angehörige zu begehen ist der Bereich mit den Stelen und den Urnenfächern. Der übrige Kirchenraum steht allen Besuchern offen. Für die Stelen wurden sandgestrahlte Gläser und roséfarbener Kalkstein gewählt, für das Traggerüst Stahl. Nach dem Ablauf der Ruhezeiten

erfolgt die Beisetzung zur ewigen Ruhe in einem Aschengrab im Außenraum der Kirche. Die Akzeptanz der von der Gemeinde gewünschten Fortsetzung des uralten Dialoges zwischen Leben und Tod in der mittelalterlichen Allerheiligenkirche zeigte 2007 die erschöpfende Nachfrage: Innerhalb von zwei Tagen waren nahezu alle Plätze reserviert und nach zwei Monaten weitgehend verkauft.

Kolumbarium im Kirchturm der Hoffnungskirche in Leverkusen-Rheindorf[59]

Im Jahre 2001 entschloss sich die Evangelische Kirchengemeinde Leverkusen-Rheindorf zum Verkauf ihrer beiden Kirchen und zum Bau einer neuen Kirche mit Gemeindezentrum. Das Grundstück der sanierungsbedürftigen Paul-Gerhardt-Kirche ging in das Eigentum einer Supermarktkette über, auf dem Grundstück der als Notkirche errichteten Lukaskirche entstanden Einfamilienhäuser. Seit 2008 können nun in der neuen Hoffnungskirche, Gottesdienste, Taufen, Konfirmationen und Trauungen gefeiert werden, sowie im Glockenturm Beisetzungen im Kolumbarium der Hoffnungskirche statt-

finden. Die Nischen sind aus Betonsteinen gebildet und mit roten Holztafeln verschlossen.

In der untersten Ebene gibt es einen verschiedenartig gestalteten Andachtsraum mit einem aus massiven Pappelstämmen gesägten Urnenregal mit gläsernen Verschlüssen. Für einen bestimmten Zeitraum können hier Angehörige Abschied nehmen, bevor dann die Urne an ihrem endgültigen Platz beigesetzt wird. Die Kirchengemeinde benennt zwölf Gründe, die dafür sprechen, sich auf dem vermutlich kleinsten Friedhof Leverkusens beisetzen zu lassen, von denen hier der vierte zitiert sein soll: „Als Kirchengemeinde wollen wir dem oft traurigen Dreiklang des Alters entgegenwirken: einsames Leben – sang- und klangloses Sterben – unkenntliches Grab."

Grabeskirche St. Elisabeth in Mönchengladbach[60]

Die Namenspatronin, die heilige Elisabeth, hatte ihr Leben am königlichen Hofe aufgegeben, um armen, kranken und sterbenden Menschen nahe zu sein. Im Jahre 2009, bereits 75 Jahre nach der Weihe der katholischen Kirche, wird St. Elisabeth zur Grabeskirche umgenutzt, um in würdiger Form von den Toten Abschied nehmen zu können. Dunkle Stelen stehen in den von Licht durchfluteten Kirchenschiffen. Die Grabkammern sind aus Stahl und nehmen bei der Beisetzung die Urne mit der Aschekapsel auf. Für die Verschlussplatten aus europäischen Natursteinen kann man unter drei verschiedenen Farbtönen wählen. Bereits zu Lebzeiten ist der Kauf von Einzel- und Doppelgräbern möglich. Zum Stillen Gebet steht die Kirche allen Menschen offen. Einmal wöchentlich sowie zusätzlich an zentralen Gedenktagen wird eine Heilige Messe gefeiert oder zu einem, meist klassischem Konzert eingeladen.

Kolumbarium St. Paulikirche in Soest[61]

Die Kirche St. Pauli wird 2009 in der Nutzung erweitert, verbleibt aber Gottesdienststätte. Hier entsteht in Westfalen das erste Kolumbarium in einer evangelischen Kirche. Die Verknüpfung der Gemeinschaft der Lebenden mit der Gemeinschaft der Toten steht für das Verständnis des Wunsches, auch nach dem Tode Gott nahe zu sein. Eine mit Motiven der Lebenslinien gestaltete Brüstung aus Glas trennt die beiden Nutzungsbereiche. Die Urnenstelen selbst bestehen aus glasgestrahltem Edelstahl und Sandstein der münsterländischen Baumberge. Wessen Asche einmal in der St. Paulikirche beigesetzt ist, soll dauerhaft mit dem Ort verbunden bleiben und wird nach Ablauf der Ruhezeit in einem im Boden eingelassen Raum auf ewig verortet. Für das Ablegen von Blumen und Anzünden von Kerzen sind ausgewiesene Gedenkorte vorgesehen. Das Totenbuch liegt im Raum der Stille aus.

 **Urnengruft in der Pfarrkirche St. Michael in Trier-Mariahof**[62]

St. Michael ist die Pfarrkirche von Trier-Mariahof, einer abgeschlossenen Siedlung, die Anfang der 1960er Jahre als Modellstadt an der Peripherie von Trier entworfen wurde. Die Kirche, erbaut 1965, entspricht den Idealen der damaligen Zeit. Sie wurde in funktions- und materialgerechter Bauweise als reiner Betonbau in Form einer Stufenpyramide gebaut. Im Jahre 2009 wurde unter der Kirche eine für die Öffentlichkeit nicht zugängliche Urnengruft errichtet. Vergleichbar mit den Ritualen auf einem Friedhof werden die Urnen vor einem Trauergottesdienst durch eine kleine zu öffnende Glaspyramide im Kirchenboden in die Gruft hinabgelassen. Die Beisetzung selbst erfolgt in einer Urnenwand oder in einer der vier Stelen in der Gruft im Untergeschoss. Der Gedenkort für die Verstorbenen ist nicht die Gruft, sondern der Kirchenraum, in dem von den Angehörigen zum Gedenken Blumenschmuck oder Kerzen aufgestellt werden können.

Die 2009 eingeweihte Urnenbegräbnisstätte in der ehemaligen Pfarrkirche Heilig Kreuz im Ortsteil Papenbusch in Dümpten wird von den Gemeinden der Pfarrei St. Barbara in Mülheim an der Ruhr getragen. Die in den 1960er Jahren erbaute Kirche erinnert in der Grundidee an das Zelt Gottes. Das Konzept der Auferstehungskirche ergänzt die Zeichenhaftigkeit der Gebäudehülle im Inneren mit dem Leitmotiv „Lebensweg": Bänder aus Sichtbeton versinnbildlichen den Lebensweg und verbinden das Taufbecken und den Altar mit den Schreinen für die Urnen. In den aus unterschiedlichen Materialien gestalteten Schreinen – aus eingefärbtem sowie naturfarben belassenem Beton, Eifel-Sandstein, Basalt, Stahl oder Holz – werden die Aschekapseln in der Regel ohne umhüllende Schmuckurne beigesetzt. Grabbeigaben wie Blumen, Bilder und Kerzen können vor den Verschlussplatten der Schreine abgelegt werden. Stahlparavents mit goldenen Bänderungen symbolisieren das himmlische Jerusalem und lösen optisch den eigentlichen Trauerbereich vom Kirchenraum, der für Trauer- wie Gottesdienste, aber auch Ausstellungen und Konzerte genutzt wird. Der rund ausgebildete Teil des Kolumbariums kann über eine Webcam eingesehen werden.

Urnengruft in der Nikolauskapelle in Bornheim-Sechtem[64]

Die Nikolauskapelle in Bornheim-Sechtem, zugehörig zum Erzbistum Köln, schreibt als Bestattungskirche Geschichte. Als 1771 die im 12. Jahrhundert erbaute Kapelle erneuert wird, entdeckt man nicht nur die Grablege für die Herren der Grauen wieder, sondern auch die Gebeine des seligen Ailbertus von Antoing, der auf Reisen 1122 in Sechtem verstarb. Vier kleine Leinensäckchen mit seinen Gebeinen verblieben auch nach der Überführung in das von ihm gegründete Kloster Rolduc in Holland weiterhin in Sechtem. 1932 wird die Kapelle renoviert und als Ehrenmal für die Gefallenen neu geweiht, 2009 in der Gruft ein neu geschaffenes Kolumbarium eingesegnet. Die katholische Kirchengemeinde St. Gervasius u. Protasius hat hier einen zusätzlichen, für die Hinterbliebenen nicht zugänglichen Ort letzter Ruhe geschaffen, an welchem diese in Gewissheit gesicherter Pflege ihre Angehörigen beisetzen können. Der Beisetzungsritus findet im Kirchenraum an der offenen Stelle des Zugangs zur Gruft statt. Um die Kapelle bieten Erinnerungssteine einen würdevollen Ort der Trauer, der sich bewusst gegen Anonymität stellt. Die Kapelle selbst wird weiterhin für Andachten, Trauungen und mitunter auch für kleine Konzerte – mit ausschließlich geistlicher Musik – genutzt.

Kolumbarium Hl. Herz Jesu in Hannover[65]

Mitgliederschwund und damit einhergehende Finanz-
nöte stellten die katholische Herz-Jesu-Gemeinde trotz
Eingliederung in den Gemeindeverbund St. Martin vor
eine finanzielle Herausforderung. Weiterhin genutzt werden durfte die Kirche nur unter der Voraussetzung, dass
es ein selbsttragendes Finanzkonzept gibt. Dieses sollte
mit der Idee, den Tod wieder näher an das Leben zu
holen, gelingen. Das erste kirchliche Kolumbarium im
Bistum Hildesheim entstand. Die Kirche war für den
Umbau zum Kolumbarium zwischenzeitlich zu entwei-
hen. Seit 2010 werden dort neben den Trauergottes-
diensten auch regelmäßig Abendmessen gefeiert. Die Gestaltung der gläsernen Vitrinen für die Urnen visualisiert
eine Himmelsleiter, der Schrein der Erinnerung im
Hauptschiff nimmt Gedanken und Briefe an die Verstorbenen auf.

Kolumbariumskirche Heilige Familie
in Osnabrück[66]

Die katholische Kirche Heilige Familie im Osnabrücker Stadtteil Schölerberg, ein Bau aus den 1960er Jahren, ist als Rundkirche konzipiert. Der Entwurf für das 2010 eröffnete Kolumbarium akzentuiert die Kreisform, indem die neu eingebrachten Urnenwände eine Art Wandelgang bilden. Das Zentrum der Kirche bleibt den Trauerfeiern und Gottesdiensten vorbehalten. Freiraum und Trauerraum sind so einerseits getrennt, fließen andererseits ineinander über. Das Taufbecken steht dem Altar gegenüber am Eingang und erinnert daran, dass die Taufe im Leben eines Christen die Aufnahme in die christliche Gemeinschaft kennzeichnet. Besonders bemerkenswert ist die zur Philosophie der Gemeinde gehörende, direkte räumliche Anbindung des Kolumbariums an den katholischen Kindergarten. Für eine Beisetzung bedarf es der Konfessionszugehörigkeit. Die Urnenwände mit ein- und zweistelligen Nischen bestehen aus Betonfertigelementen, welche mit Gipskartonplatten ver- und ausgekleidet und dann verputzt wurden. In die Verschlussplatten aus Messing sind die persönlichen Daten eingraviert. Für die Ummantelung der Aschekapsel ist in der Regel ein speziell vom Bestatter angefertigter Holzkubus vorgesehen.

Grabeskirche Liebfrauen in Dortmund[67]

Zu Allerseelen im Jahr 2010, dem Gedenktag der Verstorbenen, wird im Erzbistum Paderborn das als Pilotprojekt verstandene Kolumbarium in der Grabeskirche Liebfrauen eröffnet. Die niedrige Anordnung der Urnenfelder ordnet sich den bestehenden räumlichen Bezügen in der ehemaligen katholischen Pfarrkirche Liebfrauen unter. Gleichzeitig weckt sie Assoziationen an Grabfelder und somit an die Riten der Erdbestattung. In Analogie werden terminologisch Wahlgrabstätten, Reihengrabstätten und Gemeinschaftsgrabstätten angeboten. Auch die Materialwahl, Baubronze – ein so bezeichnetes Sondermessing – unterstreicht die beabsichtigte Erdverbundenheit. Die Urnenbehälter in den Urnenpodesten können individuell belegt und geschmückt werden. Sonnenstrahlen lassen die Glasfenster ein buntes Farbspiel auf die Urnenfelder projizieren. Urnengemeinschaftsstätten sind in der Josefskapelle neben dem Eingang geplant. Gegen das „erinnerungslose Verschwinden von Menschen" ist für jene Verstorbenen, die von der Stadt Dortmund ohne Trauerfeier anonym bestattet werden müssen, sogenannte „Unbedachte", ein Beisetzungsort vorgesehen. Viermal im Jahr wird in der Liebrauenkirche der „Gottesdienst für Unbedachte" gefeiert. Ausdrücklich wird zu warmer Kleidung geraten, da die Kirche nicht beheizt ist.

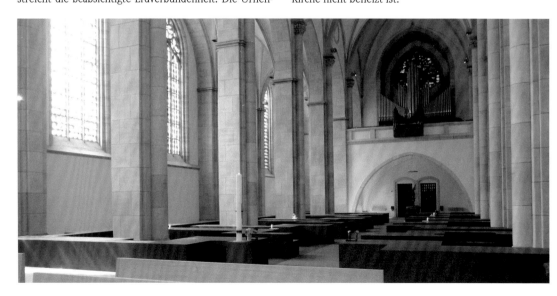

Kolumbarium im Kreuzgang des Klosters Wormeln[68]

Im Jahre 1810 wurde die beinahe fünfhundert Jahre währende Klostergemeinschaft als Folge der Säkularisation aufgelöst. Zu diesem Zeitpunkt ging die Kirche an die katholische Pfarrgemeinde über und ist bis heute in Nutzung. Das zur Blüte des Klosters zu Beginn des 18. Jahrhunderts erbaute Konventgebäude wurde im Jahr 1998 von einem lokal ansässigen Architekten, dem späteren Bauherren des Kolumbariums, erworben und saniert. Das von ihm zusammen mit zwei weiteren Gesellschaftern betriebene Kolumbarium befindet sich in Trägerschaft der Stadt Warburg. „Der Dom", Kirchenzeitung für das Erzbistum Paderborn, berichtet in seiner ersten Ausgabe im Jahr 2011 über die Intentionen der Betreiber. Im südlichen Kreuzgang sind mit Glasplatten verschlossene Schränke mit Nischen für rund 600 Urnen aufgestellt, das kommunale Kolumbarium geht 2011 in Betrieb. Ein Präsentations-Rendering (digitale Visualisierung) vor Ort zeigt, ebenso wie bereits realisierte Texturen im Bodenbelag in Kreuzgangmitte, die Idee künftiger Erweiterung in Form von kreuzförmigen Stelen.

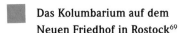

Das Kolumbarium auf dem Neuen Friedhof in Rostock[69]

Am Ende der Hauptachse des denkmalgeschützten Rostocker Friedhofs aus dem Jahre 1910 steht seit 2008 ein rund 12 m hohes, als Pyramidenstumpf gestaltetes Kolumbarium auf 64 Quadratmeter Grundfläche. Das Kolumbarium ist als Ort der Stille konzipiert. Im Inneren der mit poliertem Eternit verkleideten Betonfertigteilkonstruktion finden zwischen Holzlisenen 192 Urnen ihren Platz. Die pyramidale oberirdische Kennzeichnung von Grabstätten ist eine bereits aus der Frühgeschichte bekannte Gestaltungsform. Sicherlich fallen dem Betrachter sogleich die beeindruckenden Pyramiden von

Gizeh ein, die einst die Mausoleen der Pharaonen bildeten. Doch selbst im 19. Jahrhundert wählte man weiterhin diese Form. Als ägyptische Steilpyramide von 11 m Höhe konzipierte beispielsweise der in Hannover wirkende Architekt Georg Ludwig Friedrich Laves das von-Münstersche Familiengrab im englischen Landschaftsgarten von Derneburg.

Kolumbarium im Kirchturm der Wehrkirche St. Martin in Hoheneggelsen[70]

In Hoheneggelsen, zum Kirchenkreis Hildesheimer Land gehörend, gibt es zwei evangelische Kirchen, die Matthiaskirche und St. Martin. Letztere wird insbesondere als Winterkirche genutzt, aber auch für besondere Gottesdienste wie beispielsweise zu Diamantenen Hochzeiten. Zur Sicherung des Erhalts beider Kirchen hat die Gemeinde die „Stiftung Hoheneggelser Kirchen" gegründet. Zudem wird die kleine Wehrkirche aus dem 13. Jahrhundert in ihrem Turm wohl schon in Kürze ein kleines Kolumbarium aufnehmen. Die Urnenkammern reihen sich entlang der Wände und werden in der Raummitte mittels zweier Stelen aus Milchglas ergänzt. Die Verbindung zur örtlichen Kirchengemeinde ist auch architektonisch gespiegelt. So soll eine neue gläserne Verbindungstür während der Gottesdienste geöffnet sein. Das Kolumbarium in Hoheneggelsen wird auch Andersgläubigen offen stehen. Möglicherweise wird es das erste Kolumbarium der evangelischen Kirche im ländlichen Raum werden.

Wettbewerb zur Umgestaltung der Kirche Sankt Bartholomäus in Köln-Ehrenfeld in ein Kolumbarium[71]

Aufgrund des Zusammenschlusses verschiedener Pfarreien veränderter pastoraler Anforderungen wird die in den 1950er Jahren erbaute Kirche St. Bartholomäus nur noch selten für Gottesdienste genutzt. Daher beabsichtigt die katholische Kirchengemeinde „Zu den Heiligen Rochus, Dreikönigen und Bartholomäus" diese Kirche teilweise zu einem Kolumbarium umzuwidmen. Hierzu wurde ein beschränkter Architektenwettbewerb mit vorgeschaltetem Bewerbungsverfahren ausgelobt.

Das Preisgericht beschreibt und bewertet im Januar 2011 den erstprämierten Entwurf wie folgt:

„Zentrale Entwurfsidee ist es, mit dem Einbau des Kolumbariums den räumlichen Charakter des Mittelschiffs als wahrnehmbaren Großraum zu erhalten. In diesem Sinne werden die Urnenkammern umlaufend, an der Peripherie des Mittelschiffs angeordnet und zu insgesamt zehn umlaufenden nischenartigen Kabinetten gestaltet. Die neue Grabeskirche im zentralen Raum wird durch ein abgehängtes, transparentes Metallnetz abgegrenzt. Punktuelle Lichtakzente inszenieren die Grabeskirche bzw. die Urnenkammern. Kapelle und Kolumbarium sollen dadurch separiert, aber auch gemeinsam wahrgenommen werden können. Diese Anordnung wird aus liturgischer Sicht begrüßt. …"[72]

MARKOLDENDORF

 **Markoldendorf – ein Kolumbarium
im ländlichen Raum**

Die Markoldendorfer Bürger sind stolz auf ihr Marktrecht, die historischen Fachwerkbauten, ihre stattliche Hauptkirche und auf ihre Marienkapelle. Die in Georg Dehios Handbuch der Deutschen Kunstdenkmäler beschriebene, nah zum Marktplatz gelegene Marienkapelle[73] ist ein Kleinod im südniedersächsischen Flecken Markoldendorf. Dennoch ist auch sie betroffen vom finanziellen Einsparungsdruck. Mit Blick auf die zweite im Ort vorhandene Kirche, die Ev.-luth. Kirche St. Martin, wurde die Marienkapelle bereits 1995 aus der Zuweisung von landeskirchlichen Mitteln herausgenommen. Der gottesdienstliche Alltag ist somit verändert, aber nicht wirklich eingeschränkt. Die Marienkapelle selbst wird derzeit vom Frühling bis Herbst als Gottesdienstraum genutzt, im Winter zudem als gemeindliches Adventscafé. Die Martinskirche ist in dieser Zeit nur für Gottesdienste an Feiertagen genutzt. Die Winterkirche findet grundsätzlich im Gemeindehaus statt.

Eine Symbiose aus bürgerschaftlichem und kirchenkreisinternem Engagement bewog im Jahr 2008 eine kleine Gruppe zur Gründung des Arbeitskreises „Zukunft der Marienkapelle". Zunächst waren ausschließlich Kirchenvorstandsmitglieder beteiligt, mit der Zeit erweiterte sich der Kreis. Ideen wurden gesucht, diskutiert, verworfen, entwickelt. Innerhalb des Arbeitskreises erwies sich die Idee der Umnutzung zum Kolumbarium mit christlicher Symbolik als zukunftsfähig. Zu diesem Zeitpunkt ahnte wohl niemand, welche Mühsal der eingeschlagene und Zukunft verheißende Weg bedeuten würde!

Die Idee einer Umwidmung zum Kolumbarium wurde zunächst stark aus der Erfordernis geboren, auf die finanziellen Einschnitte zu reagieren und zugleich das Haus Gottes als solches nicht zu verlieren. Verlustängste haben zu kreativen Lösungsansätzen geführt. Insbesondere hier im ländlichen Raum ist der Ritus im Leben eines Christen noch stark mit mehr oder weniger einem einzigen kirchlichen Gebäude verbunden: Taufen, Konfirmationen, Hochzeiten und Trauerfeierlichkeiten. Mit der Zeit wurde aus der eher wirtschaftlich geprägten Notwendigkeit ein ganzheitlicher Ansatz, der im engen Zusammenhang von Gemeindeaufbau und Seelsorge stehen soll.

Die Marienkapelle in Markoldendorf, in unmittelbarer Nähe zum historischen Ortskern des Fleckens gelegen, hat wie viele andere Dorfkirchen eine wechselvolle Geschichte aufzuweisen.[74] Sie ist im Zuge der Ausbreitung des Marktes erbaut worden, der durch die Verleihung des Fleckenrechtes durch den Fürstbischof Magnus von Sachsen-Lauenburg seit 1434 urkundlich belegt ist. Der Name Kapelle, lateinisch sacellum, ist dieser Kirche erst nach der Reformation gegeben worden, in früheren Urkunden wird sie ecclesia, also Kirche genannt. Neben der Kirche St. Martin, die zu Oldendorf gehört und von den Templern zu Moringen errichtet wurde, ist die Marienkapelle das zweite evangelisch-lutherische Kirchengebäude im Ort.

Die Hildesheimer Stiftsfehde von 1519 bis 1521, in der Markoldendorf weitgehend in Schutt und Asche gelegt wurde, überstand St. Marien offenbar unversehrt. Auch den Brand vom 3. Oktober 1723, dem der Flecken bis auf eine Straße und vier Häuser zum Opfer fiel, hat sie, den vorliegenden Quellen Glauben schenkend, überstanden. Im Jahre 1770 war sie dann aber so baufällig, dass sie abgetragen werden musste.

Da offenbar die Gemeinde wegen fehlender Geldmittel den Aufbau nicht übernehmen konnte, hat Georg Heinrich Sander, Getreidekaufmann in Markoldendorf, sowohl den Abriss als auch den Aufbau der Kapelle aus eigenen Mitteln bestritten. Der Gedenkstein des Stifters, der aus Bescheidenheit seinen Namen auf dem Schluss-

stein nicht verzeichnet sehen wollte, befindet sich bis heute vor der Kapelle, im Inneren hängt sein von der Stadt Dassel leihweise überlassenes Bildnis.

Es ist überliefert, dass der Neubau, ein schlichter, rechteckiger, verputzter Massivbau mit Einfassungen und Ecklisenen in rotem Sandstein, der einen verputzten flachgedeckten Saal erhielt, zügig vollzogen wurde und bereits am 3. November 1779 der erste Gottesdienst gehalten werden konnte. Der quadratische Ostturm stammt noch vom früheren Bauwerk, das Orgelpositiv möglicherweise von der früheren Martinskirche und wäre damit älter als der Neubau der Marienkapelle. Das heute noch vorhandene Inventar besteht aus dem wertvollen, mit Schnitzwerk versehenen Orgelprospekt, einem einfachen Kanzelaltar aus der Erbauungszeit, einer Empore mit jüngerer Erweiterung, einem hölzernen spätgotischen Kruzifix sowie einem Altartisch, Lesepult und Taufbecken aus neuerer Zeit, den 1970er Jahren. Eine Gedenktafel sowie kulturgeschichtlich interessante Totenschreine und Totenkronen wurden regionalen Museen, auch aus konservatorischen Gründen, zur Verfügung gestellt. Die Kapelle wurde am 06.05.1988[75] unter Denkmalschutz gestellt.

Von 1945 bis 1956 wurde die Kapelle der katholischen Gemeinde (der Evakuierten und Flüchtlinge) bei zeitweise wechselseitiger Nutzung zur Verfügung gestellt. Die zwischen 1957 und 1961 erfolgten Überlegungen des Gemeindevorstandes zur Veräußerung wurden offenbar durch die wertvolle Orgel gebremst. 1972 wurde die im schlechten Zustand befindliche Kirche gründlich renoviert und zuletzt Anfang der 90er Jahre innen und außen instand gesetzt.

Zum demographischen Wandel
im Flecken Markoldendorf

Die Bevölkerung hier, wie im übrigen ländlichen Raum Südniedersachsens, schrumpft kontinuierlich, laut aktueller Prognosen der Bertelsmannstiftung in den kommenden 15 Jahren um fast 20 Prozent. Das Ausmaß der Schrumpfung nahm im Juni 2010 das Deutsche Nationalkomitee für Denkmalschutz zusammen mit dem Niedersächsischen Landesamt für Denkmalpflege zum Anlass, während der 35. Pressefahrt mit dem Thema „Haus sucht Bauer – Denkmalschutz und demografischer Wandel" den Großraum als Anschauungsbeispiel zu wählen. Zwar war im Vorjahr die Weiter- und Nachnutzung

von Kirchen Thema der 34. Pressefahrt, doch der drastisch vor Augen geführte Einwohnerschwund im ländlichen Raum, bedingt durch Abwanderung und Ungleichgewicht zwischen Geburts- und Sterberate steht in unmittelbarem Zusammenhang.

Der Kirchenkreis Leine-Solling zählt rund 69.500 Kirchenmitglieder. Die zugehörigen ev.-luth. Kirchengemeinden der Region Dassel mit rund 8000 Mitgliedern erwarten, dass bis zum Jahr 2030 weniger als zwei Drittel der Kirchenmitglieder verblieben sein werden, die für die Aufwendungen für Seelsorge und Bauunterhaltung aufkommen müssen. So berichtet die Wochenzeitung des Kirchenkreisvorstands Leine-Solling in ihrer zweiten Ausgabe 2011 über die Notwendigkeit, durch schlankere Strukturen die Orte stärken zu müssen, eine Entscheidung, die auf der Klausurtagung, auf der 40 Kirchenvorsteherinnen und -vorsteher die sieben Gemeinden der Region Dassel mit ihren insgesamt 19 Ortschaften vertraten, gefällt wurde. Diese Entscheidung war der intensiven und konstruktiven Auseinandersetzung mit den vorliegenden Zahlen, Fakten und Prognosen für den Kirchenkreis und die Region geschuldet. Es wurde klar beleuchtet, dass die Verschmelzung von Strukturen lokale Unterschiede sowie dezentrale Gemeindearbeit durchaus berücksichtigen kann und auch muss. Der Abbau von Gemeinderaumflächen zugunsten der zumindest mittelfristigen Unterhaltung der übrigen Gebäude wurde als zwingend notwendig erkannt. Derzeit beschäftigen sich Kirchenvorstände in den drei Arbeitsgruppen „Bau und Finanzen", „Strukturveränderungen" und „Leitbild" mit den diesbezüglich notwendigen nächsten Schritten.

Sorgen und Hoffnungen der Menschen vor Ort

Die Marienkapelle zum Kolumbarium umzugestalten, war zunächst eine Lösung, um aus der finanziellen Krise herauszukommen. Spannende Alternativideen wie Kulturkirche, Kulturcafé oder kirchliches Jugendzentrum sind architektonisch machbar, innerhalb der denkmalpflegerischen Rahmenbedingungen leistbar, aber schwierig zu finanzieren.

Es ist nachvollziehbar, dass sich die Einwohner sorgen, die Einrichtung des Kolumbariums in der in unmittelbarer Nähe zum Markplatz gelegenen Marienkapelle könne zu Nutzungseinschränkungen im Umfeld führen. Diese Sorgen bestehen unbeschadet der Sachverhalte, dass viele Friedhöfe bis heute in der Ortsmitte verblieben sind und in Gotteshäusern mit erweiterten Nutzungen wie auch in Kolumbarien in Kirchen immer häufiger neben Ausstellungen und Lesungen auch moderne Konzerte und Kulturaufführungen stattfinden. Vertragliche Regelungen mit den Nutzern des Kolumbariums können dieses Problem auffangen.

Wenn gespart werden muss, ist die Neuinvestition in ein Projekt, wie es die Umwidmung der Marienkapelle in ein Kolumbarium darstellt, eine Herausforderung.

Die schlüssige und finanziell darstellbare Konzeption birgt, wie jede Investition, Risiken. Es tauchen Fragen auf: Wird das Kolumbarium angenommen. Was ist, wenn nicht? Wer trägt eventuelle Ausfallkosten? ... und vieles mehr! Der Finanzausschuss des Kirchenkreises misst im Fall der Marienkapelle dem Risiko, dass die Urnenplätze nicht zügig genug verkauft werden können, eine hohe Bedeutung bei. Ursächlich hierfür ist, dass im ländlichen Raum noch keine Erfahrungswerte über den Verkauf von Urnenplätzen in Bestattungskirchen bzw. Bestattungskapellen vorliegen. Der Kirchenkreis unter Leitung des Superintendenten sieht deshalb in der Ausweisung von Bauabschnitten eine konstruktive Lösung.

Die Vertreter der vor Ort städtisch betriebenen Friedhöfe werden von der nachvollziehbaren Sorge umgetrieben, dass der örtliche Friedhof nicht im notwendigen Maß ausgelastet wird, wenn er in Konkurrenz zu einem lokalen Kolumbarium steht. Kirchlich oder kommunal /städtisch betriebene Friedhöfe dürfen keinen Gewinn machen, aber sie müssen kostendeckend arbeiten. Das heißt, das Friedhofsmanagement muss einen ordentlichen Haushalt aufstellen, in dem Ausgaben und Einnahmen zueinander in einem ausgeglichenen Verhältnis stehen. Werden im Abrechnungszeitraum Überschüsse erzielt, so werden sie als Rücklagen eingestellt, um defizitäre Perioden auszugleichen. Mit Blick auf das lokale Friedhofsmanagement wurde daher beantragt, dass die angestrebte Änderung des Flächennutzungsplanes erst dann rechtskräftig wird, wenn zwischen Stadt und Kirche eine verbindliche Einigung zur Gebührenerhebung für die Beisetzungen im Kolumbarium in Verbindung mit den Gebühren für die bestehenden Friedhöfe getroffen wurde. Dazu soll der gemäß Baugesetzbuch (BauGB) erforderliche Städtebauliche Vertrag diesbezüglich ergänzt werden. Hinzu kommt, dass eine Kapelle, die niemals Grabeskapelle war, nicht nur der kirchlichen Umwidmung bedarf, sondern auch der Änderung des Flächennutzungsplanes. Dazu muss die Kirchengemeinde als Vorhabenträger zunächst mitteilen, dass sie beabsichtigt, die kirchlich-gottesdienstliche Nutzung aufzugeben und ein Kolumbarium einzurichten. Die erforderlichen Anhörungsfristen im üblichen Bauleitverfahren haben auf das Zeitmanagement großen Einfluss.

Erste Abstimmungsgespräche zu denkmalpflegerischen Belangen mit dem Niedersächsischen Landesamt für Denkmalpflege, zur Kirchenausstattung mit dem Amt für Bau- und Kunstpflege Hildesheim und Außenstelle Göttingen der Evangelisch-lutherischen Landeskirche Hannovers und zu planungsrechtlichen Belangen mit den Vertretern der Stadt Dassel, mit Bürgermeister, Bauamt, Rat und Ortsrat Markoldendorf, sind so frühzeitig wie möglich erfolgt.

Mit dem Landeskirchenamt wurde zu Beginn des Jahres 2011 in einer gemeinsamen Sitzung mit den Landessuperintendenten allgemein über die Errichtung von Kolumbarien innerhalb von Kirchen in der Evangelisch-lutherischen Landeskirche Hannovers beraten und beschieden, dass aus theologischer Sicht keine Einwände bestehen. Hintergrund der Beratung waren die zurzeit verstärkt eingehenden Anträge auf Umwidmung von Kirchen im ländlichen Raum zu Kolumbarien.

KOLUMBARIUM MARKOLDENDORF

 Ausstellung zur HAWK-Projektarbeit
»Kolumbarium Markoldendorf«

Im Januar 2011, bereits zweieinhalb Monate nach der von Studierenden gestalteten Ausstellung zum HAWK-Seminar »Letzte Ruhe in Kolumbarien« stellen diese ihre konkreten Projektideen zur Umsetzung der Philosophie »Erdung & Unvergänglichkeit – Lehm & Bronze« vor. Der einheitlich gehaltene, ruhige graphische Aufbau der zwölf großformatigen Banner rückt die jeweiligen Entwurfsansätze in den Vordergrund und verzichtet bewusst auf ablenkende individuelle Plangraphik.[76]

Die Eröffnung der Ausstellung „Kolumbarium Markoldendorf" füllt erneut die Marienkapelle. Zahlreiche Mitglieder der Kirchengemeinde, Bürger sowie Repräsentanten von Stadt, Kirche und Denkmalpflegeinstitutionen verfolgen gespannt die Entwurfsvorstellungen und füllen die anschließende umfassende Diskussion mit Leben. Die lokalen Medien berichten ausführlich.[77]

Allen Beteiligten erschien es wichtig, dass die interessierten Bürger das Zusammenspiel der Materialien Lehm und Bronze im wahrsten Sinne des Wortes erfühlen können. Ehrenamtlich wurde deshalb zusammen mit einem Lehmbaumeister aus Volkmarsen-Ehringen in der Kapelle für die Urnenplätze eine 2,10 m hohe, im Grundriss quadratische Musterstele aus Stampflehm hergestellt. Zudem haben die Studierenden jeweils ein auf ihren Entwurf abgestimmtes Bronzewerkstück für die Verschlüsse der Urnenplätze entworfen, gegossen, geschliffen und poliert.

Die Begreifbarkeit der christlich geprägten Projektphilosophie geht so in ihrer Anschaulichkeit und Begreifbarkeit bis ins Detail. Insgesamt ist das Thema Kolumbarium Markoldendorf nicht allen, doch ausnehmend vielen Menschen wesentlich näher gerückt. Bemerkenswert ist, dass am Ende der beiden Ausstellungen bereits 14 Voranfragen für Urnenplätze vorliegen.

Projektphilosophie »Erdung« und »Unvergänglichkeit« für das Kolumbarium Markoldendorf

Das Kolumbarium in der Marienkapelle in Markoldendorf, einem von Fachwerkhäusern geprägten Flecken im ländlichen Raum, soll nach dem Architekturverständnis der Lehrenden lokale Bezüge haben und anders gestaltet sein als Kolumbarien in städtischen Kirchen. Wichtigstes Unterscheidungsmerkmal sind die gewählten Materialien. Um den trauernden Angehörigen der Verstorbenen Halt zu geben, sollten sie im Zusammenwirken eine Einheit bilden, so wie »Lehm und Bronze«:

Nach der biblischen Erzählung waren Adam und Eva das erste Menschenpaar. Adam, auf Hebräisch »der von der Erde Genommene«, wurde von Gott aus dem Lehm des fruchtbaren Ackerbodens erschaffen. Aus der Geschichte kennen wir viele Heilige Stätten und Grabstätten, die mit Lehm gestaltet sind. Von der Erde genommen, werden wir nach unserem Tode wieder zu Erde. Liegt etwas näher, als die Urnenplätze aus Lehm – gestampfter Erde – zu schaffen und so die Poesie der Ruhe, der letzten Verortung zu fühlen? Kaum ein Mate-

rial wird so mit der Vorstellung von Unvergänglichkeit in Verbindung gebracht wie Bronze. Liegt etwas näher als die Wände und Stelen mit Namenszügen und Kleinodien christlicher Symbolik aus Bronze zu schmücken?

Bereits in ihrer Ausstellung zum HAWK-Seminar »Letzte Ruhe in Kolumbarien« hatten die Studierenden für das Kolumbarium im ländlichen Raum die Projektphilosophie »Erdung und Unvergänglichkeit« mittels kleiner Werkstücke veranschaulicht. Eine erste, im wahrsten Sinne des Wortes begreifbare Vorstellung zur Vielfalt, Schönheit und Einzigartigkeit bei der Gestaltung von gebauter Erde bekommen die Bürger bei der Betrachtung von eigens im Grundbaulabor der HAWK gefertigten zehn zylindrischen Stampflehmkörpern von 30 cm Höhe, die auf schlanken,

der Bronze ähnlichen Stelen präsentiert werden. Ein jeder Lehmzylinder besteht aus geschichteten, sich im Farbspiel unterscheidenden Erden. Zusammen mit den bronzefarben hinterlegten Präsentationen wird die Umsetzung der Philosophie »Erdung & Unvergänglichkeit – Lehm & Bronze« für die Bürger fassbar.

Die in Urnenwänden und Urnenstelen aus Lehm und Bronze zu Architektur gewordene Poesie der Ruhe zu fühlen, scheint keine Frage der Vermittlung zu sein. Die vielfältigen spontanen Reaktionen auf die kleinen Werkstücke bestätigten, dass diese beiden Materialien in ihrer Bedeutung nicht der erklärenden Worte bedürfen. Ihnen wohnt ein über die Menschheitsgeschichte entstandenes Selbstverständnis inne.

Erdung: »Bauen mit Lehm«

Die Geologie ist in jeder Region der uns anvertrauten Erde charakteristisch und einmalig, entstanden über Jahrmillionen aus dem Transformationsprozess der zu Gestein erstarrten flüssigen Lava oder aus Sedimenten unserer Weltmeere. Gestampfte Erde wird gerne als gebaute Geologie verstanden. Die Beisetzung der Asche der Verstorbenen wird in der Erde ihrer Heimat möglich – dann, wenn beispielsweise der Wesersandstein ebenso Bestandteil der Urnenwände und Stelen wird wie Erde und Gesteine aus den umgebenden Landkreisen. Jeder der Studierenden entwickelte und gestaltete im Sinne dieser Grundphilosophie ein übergreifendes Konzept, das mit den Möglichkeiten und Grenzen einer Verbindung aus Erde und Steinen arbeitet.

Im Grundbaulabor der HAWK in Holzminden werden experimentelle Erfahrungen bei der Gestaltung auf eine fundierte wissenschaftliche und bautechnische Basis gestellt. Über mehrere Wochen stellen die Studierenden mit sichtbarer Begeisterung und Fantasie bei akribischer Dokumentation des Herstellungsprozesses Probekörper her, um für ihre Gestaltungsideen die richtigen Mischungsverhältnisse und Stampfintensitäten zu fixieren und auch die gewünschte Oberflächentextur und Festigkeit zu gewährleisten. Diese Vorstudien sind für die Planung von Wänden und Stelen aus Stampflehm unerlässlich, sie sind der Garant für Qualität. Die in der Ausstellung gezeigten zylindrischen Formstücke aus Stampflehm geben einen Eindruck von der Gestaltungsvielfalt – keinesfalls stellen sie bereits Urnenstelen dar.

Lehm

Bronze

Unvergänglichkeit: »Gestalten mit Bronze«

Seit über 4000 Jahren kennt die Menschheit gestaltete Kunstwerke aus Bronze. Sie haben die Zeiten überdauert und erzählen von einer hohen kreativen Kunstfertigkeit unserer Ahnen. Aus ihr schöpfen wir, entwickeln weiter, lassen heute dieses Metall in vielfältiger Gestalt sprechen. Gehen wir offenen Auges durch unsere Dörfer und Städte, dann sehen wir sie immer wieder, die blankpolierten Stellen an den Bronzefiguren im öffentlichen Raum, glänzend gerieben während ungezählter Berührungen. Auch unsere zeitgenössische Kirchenkunst widmet diesem außergewöhnlichen Material ein großes Augenmerk. Mitunter berühren diese Arbeiten für den

Kirchenraum bei intensiver Betrachtung die Tiefe unserer Seele.

Studierende der Studienrichtung Architektur haben eine hohe Affinität zur Kunst. Die Beschäftigung mit der bildenden Kunst von der Antike bis heute gehört ebenso zum Studium eines Architekten wie jene mit der Baukunst. Aus ihnen ziehen angehende wie gestandene Architektinnen und Architekten Ansätze für ihre Konzepte.

Auch die Studierenden an der HAWK visualisieren in Vorstudien unter Anleitung der Lehrenden ihre Ideen, fertigen Modelle aus Wachs und Ton, bereiten den Guss in Bronze vor. Während sie anschließend zusammen mit dem Kunstschmied Georg Petau auf der Domäne Heidbrink in Polle ihr Werk in Bronze gießen, sind sie erfüllt von gespannter Erwartung. Die Nachbearbeitung des Rohgusses bedarf der Geschicklichkeit wie der Kraft. Viele Arbeitsgänge sind nötig, bis die Oberfläche des Werkstückes auch im Detail dem in Ton, Wachs oder Gips gefertigten Modell entspricht und den beabsichtigten metallisch-glänzenden Zustand erhält.

Angesichts des demographischen Wandels und damit einhergehender stagnierender Bevölkerungszahlen rückt das „Bauen im Bestand" zunehmend in den Vordergrund. Ein Thema, das auf vielen politischen und gesellschaftlichen Ebenen diskutiert wird und wegen des Bedürfnisses nach Ressourcenschonung und Nachhaltigkeit derzeit erheblich an Bedeutung gewinnt.

Dieser Ansatz spielt auch für die Entwurfslehre an Hochschulen eine bedeutende Rolle. Es wird im Bestand nicht nur saniert, umgebaut und modernisiert, es geht auch zunehmend um neue, teils völlig veränderte Inhalte für existierende Gebäude. Bei der Nutzung einer Kirche

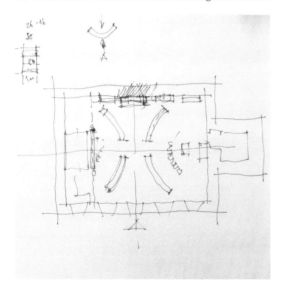

oder Kapelle in Form eines Kolumbariums durchlebt das Gebäude einerseits eine Metamorphose, andererseits behält es dabei größtenteils seinen ihm innewohnenden Charakter. Die städtebauliche Identität bleibt unberührt.

Jeder Entwurfsprozess ist zumindest zu Beginn für die Studierenden, aber auch für die Lehrenden, generell eine schmerzhafte Erfahrung. Bislang bezog sich die Entwurfslehre größtenteils auf neue und bestehende Körper, die Gebäudehülle, welche durch die Wahrnehmung und Anschauung von außen bestimmt wurde, und den Innenraum, der von alltäglichen Bedürfnissen beeinflusst ist. Das Begreifen und Verstehen der neuen Aufgabe „Kolumbarium als erweiterte Nutzung einer Kirche oder Kapelle", bedarf vielfältigerer, elementarer Einsichten und Erkenntnisse.

Auch ein Kirchenraum ist ein zum Nutzen verwendeter, umschlossener Teil eines Gebäudes. Die Wahrnehmung des Raumes erfolgt hier vornehmlich von innen. Die Nutzung eines Kirchenraumes als Kolumbarium erfordert Einbauten, also Körper, die in einer solchen Beziehung zum Gesamtraum stehen müssen, dass für die Trauernden die notwendige Atmosphäre entstehen kann, ohne die christliche Bedeutung des bestehenden Kirchenraums zu stören. Das Planen eines Raumes mit neuen Funktionen und Inhalten in bestehenden Kirchen ist viel mehr als nur eine bauliche oder konstruktive Herausforderung. Gefragt sind architektonische und funktionale Qualität sowie theologische Sensibilität.

Für die Konzepte im Innenraum eines Kolumbariums gelten gestalterische Grundprinzipien der Entwurfslehre, Ausdrucksmöglichkeiten, die für das emotionale Empfinden des Nutzers von Bedeutung sind. Die Ordnung jeden Raumes wird beeinflusst durch die bestehende Raumgröße, sowie sich daraus entwickelnde Nutzungszonen, Bewegungszonen, Sichtbezüge und Belichtung. Die räumliche Dichte steht in Abhängigkeit von der Lage der Einbauten (Körper), die eine wahrnehmbare Spannung zwischen Enge und Weite erzeugen und so die Raumbildung bestimmen.

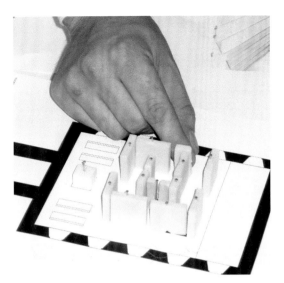

Die individuelle Wahrnehmung sowie Begrenzung und Orientierung im Raum hängen von der Wechselwirkung zwischen Raum und Körper ab. Dies ist bestimmt durch:

- Materialität, Lage und Größe der Körper (Einbauten, Stelen, Urnenschränke etc.), sowie
- Form, Größe, Materialität und Gliederung der raumumschließenden Flächen.

Neben diesen allgemeingültigen Rahmenbedingungen stehen die konkreten Wünsche der Kirchengemeinde, hier der Kirchengemeinde von Markoldendorf, bezüglich:

- Würde und Gestaltungsanspruch durch christliche Symbolik
- Beisetzungsrituale wie letzte Verortung der Urne vor den Augen der Trauernden
- Errichtung von ca. 600 Urnenplätzen
- Schaffung eines Andachtsraumes für 20 Trauernde
- Bereitstellung von Nebenräumen (Abstellraum und WC)

- Gewährleistung der Wirtschaftlichkeit, denn die Umbaumaßnahmen sowie Unterhaltung und Betrieb sind durch die Einnahmen zu finanzieren.

Die vorgenannten Wesensmerkmale sind Bedingung für die Raumerfindung und Raumplanung, die wesentlich für die Atmosphäre des Kolumbariums in der Marienkapelle in Markoldendorf sind. Die intensiven Diskussionen zur wohlüberlegten, auf die ländliche Region abgestimmten Projektphilosophie berührten immer wieder das Thema der „Erdung und Unvergänglichkeit". Hieraus entstand schon vor dem eigentlichen Entwurfsprozess eine Bestimmung der Materialität der Körper und Einbauten, die als Ruheplatz für die Urnen dienen: „Lehm und Bronze".

Lehm ist ein uralter und ob seiner ökologischen Qualitäten zugleich hochmoderner Baustoff, die Stampflehmtechnik eine traditionelle sowie in den letzten 15 Jahren in der modernen Architektur eine Renaissance erlebende Bauweise. Wiewohl besitzen Baustoff und Bauweise Grenzen im planerischen Einsatz. Die materialgerechte Verwendung ist äußerst wichtig, damit den konstruktiven Bedingungen dieses Baustoffes Rechnung getragen wird. Mit der Stampflehmbauweise wird eine Ästhetik geschaffen, die in ihrer Qualität überzeugt und dabei immer wieder den besonderen Charakter des vielfältigen Materialursprungs erspüren lässt. Lehm vermittelt Erdung, er ist ehrlich und rein, lebendig und verspielt.

Bronze ist aufgrund ihres warmen Farbtons ein Werkstoff mit unvergänglicher Ausstrahlung. Ihr Farbspektrum

ist breit gefächert: Je nach Zusammensetzung von Zinn und Kupfer besitzt Bronze eher eine lachsrote Farbe, mit steigendem Zinngehalt nimmt sie dagegen braun-rote bis rötliche Schattierungen an. Das macht sie interessant für die künstlerische Gestaltung. Bronze vermittelt Innigkeit, Kraft und Ruhe. Dieses sind bis heute Werte, die von den Menschen gebraucht, gesucht und geschätzt werden. Zudem bedarf sie aufgrund ihrer Dauerhaftigkeit keiner Wartung. In der Gesamtkonzeption dient sie als Element der künstlerischen Ausgestaltung der erforderlichen Zusatzelemente.

Weitere Vorgaben werden durch Form und Größe sowie Materialität und Gliederung der raumumschließenden Flächen des bestehenden Schiffes der Marienkapelle festgelegt. Der Boden besteht aus einem kräftigen Eiche-Stabparkett, die Wände sind schlicht weiß getüncht, die Decke ist aus blau gefasster Holzschalung gefertigt, die im Übergang zwischen Wand und Decke an den Längsseiten eine großzügige Abrundung erfährt. Die Marienkapelle, mit den Grundmaßen von 10,50 x 16,70 m, wird durch eine einseitige Fensterfront an der Südseite belichtet. Der historische Kanzelaltar im Osten und die Orgelempore im Westen dominieren den Kapellenraum.

Die Erschließung eines Gebäudes ist für den Benutzer und Betrachter hinsichtlich der Raumwahrnehmung entscheidend. Der Innenraum der Marienkapelle erschließt sich, bedingt durch die städtebauliche Lage und die Einbindung in das bebaute Umfeld, von Süden. Der Eingang erfolgt hier von der Seite, ein Planungsparameter, der die gestellte Aufgabe nicht erleichtert. Dieses unterscheidet die Marienkapelle von anderen Kirchen und Kapellen, die in der Regel eine West- Ostorientierung besitzen, die gleichzeitig die Erschließung darstellt, so dass der Innenraum dort auf der symmetrischen Mittelachse betreten wird.

Die konkreten Entwürfe der Studierenden verschmelzen die beschriebenen grundsätzlichen Rahmenbedingungen mit den speziellen Anforderungen der Kirchengemeinde mit der auf die ländliche Region abgestimmten Projektphilosophie „Erdung und Unvergänglichkeit – Lehm und Bronze"

Die konkreten Entwürfe

Im Rahmen des Projektes entwickeln die Studierenden Haike Bäsler, Fabian Fischer, Nadine Günther, Rafal Kesik, Janosch Lasota, Katja Nordsiek, Lena Ostermann, Mareike Sievert, Dominic Stremme und Constanze Telle zehn individuelle Konzepte. Die vorgenannten Nutzungsansprüche der Kirchengemeinde, die Konstante des Kapellenraumes, der erdige Baustoff Lehm und die unvergänglichen Bronzeplatten für die Verschlüsse der Urnennischen werden von den Studierenden jeweils in einem schlüssigen Entwurf gefasst. Die einzelnen Entwürfe unterscheiden sich grundsätzlich in ihrer Konzeption durch Erschließung, Führung, Raumerfindung und Raumveränderung. Die Gegensätze Enge und Weite werden bewusst kombiniert. Durch das Öffnen und Verdichten der Urnenwände und Urnenstelen entsteht Spannung und Entspannung. Die Stellung der Lehmkörper lässt neue Räume entstehen.

Bei den nachfolgend vorgestellten Entwürfen bestehen bei gleicher Projektphilosophie konzeptionelle Unterschiede. Sie spiegeln die intensive Auseinandersetzung mit den verschiedenen Anforderungen und Ansprüchen wider, welche die Studierenden bei ihren deutschlandweiten Bereisungen bestehender Kolumbarien in Gotteshäusern kennengelernt haben.

Entwurf „Labyrinth"
von Janosch Lasota

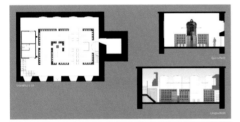

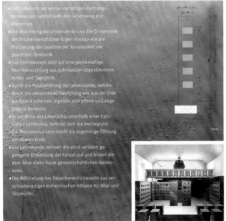

Der Entwurf „Labyrinth" führt mit seinen konkreten Richtungsvorgaben den Betrachter durch das Kolumbarium. Die Blickbeziehungen zu Kanzel und Empore sind erhalten. Der Sitzbereich bildet mit dem Altar und der Kanzel einen Raum des Gedenkens. Das Labyrinth erzeugt offene und abgegrenzte Bereiche für individuell unterschiedlich empfundene Trauer. Die Mitte des Labyrinths wird durch die Aschegrube definiert, jenem Ort der ewigen Ruhe, in welchem die Asche der Verstorbenen nach Ablauf der Ruhezeiten in geweihtem Boden verbleibt. Sie befindet sich unter einer halb hohen Lehmstele und wird mittels eines Kreuzes aus Bronze verschlossen. Die christliche Symbolik des Labyrinths als Verknüpfung mit dem Tod prägt den Entwurf von der Großstruktur, dem Grundriss, bis zum Detail, den Bronzeplatten der Verschlüsse für die in spannungsvoll geschichtetem Lehm gebetteten Aschekapseln.

Entwurf „Im Tode sind alle gleich"
von Rafal Kesik

Entwurf „Stelenwald"
von Lena Ostermann

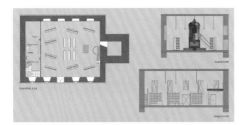

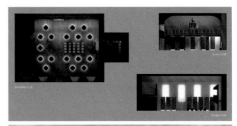

- Ruhiges und minimalistisches Konzept
- Kolumbarium mit 588 Urnen in Einzel- oder Doppelplätzen
- Vier einseitig sowie vier doppelseitig belegte Wände
  aus Stampflehm
- Bänderungen und Sockelverkleidungen aus Bronze
- Bronzeplattenverschlüsse mit christlicher Symbolik
  sowie den Namen und Lebensdaten der Verstorbenen
- Urnennischen bis zur Belegung ohne Verschlussplatten
- Raumbeleuchtung mittels Lichtpunkte, sternengleich
- Ort der Trauerfeierlichkeit im Zentrum der Kapelle
  ausgelegt zwischen Kanzel, Altar und Gedenkkreuz
  innerhalb der Empore

- 17 kreuzförmige Stelen, an den Blickachsen
  ausgerichtet
- 36 Urnen pro Stele, 612 Urnenplätze insgesamt
- Dunkler Lehm, mit Asche eingefärbt
- Edelstahlsockel mit hinterleuchtetem Plexiglas
  und aufliegendem Leuchtelement
- Bronzene rechteckige Platten mit Namen und
  Lebensdaten
- Kreuzförmige Aschegrube, im Boden eingelassen
- Leuchttafeln gegenüber den bestehenden Fenstern
- Hinterleuchtete Kanzel
- Blumenbank mit Kreuz, dem Eingang gegenüber
- Kreuzförmiger Altar mit 20 kleineren Hockern
- „Raum der Erinnerung" mit Kondolenzbuch, im Turm

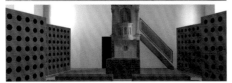

Die Raumempfindung wird sehr stark durch die verschiedenen Entwurfsansätze, oft gegensätzlicher Natur, geprägt.

Die freie Stellung der Urnenwände vom Entwurf „Im Tode sind wir alle gleich" öffnet sich bewusst in der Raummitte, es findet eine Loslösung vom eigentlichen Raum statt.

Der Entwurf „Stelenwald" schafft mittels eingestellter Körper, die bewusst die Achsbezüge aufnehmen, eine allerorts gleichbleibende Atmosphäre. Die solitären, kreuzförmigen Lehmstelen wirken einerseits wie geerdete Säulen, andererseits scheinen sie auf den hinterleuchtenden Sockeln aus Metall himmelwärts zu schweben. Die Ordnung der Wegeführung, der Andachtsraum und die Ausrichtung der verschiedenen Blickachsen öffnen den Raum. Gleich einer Lichtung im Wald umschließen die Stelen den Trauerbereich und die im Boden eingelassene Aschegrube. Im Turm ist ein Raum der Erinnerung vorgesehen, in welchem das Kondolenzbuch ausliegt. Für die Lehmzusammensetzung wurden dunkle Erden gewählt, um in ruhigem Gegensatz zu den lebhaften Farben des historischen Bestandes, Rot, Weiß und Blau, zu stehen.

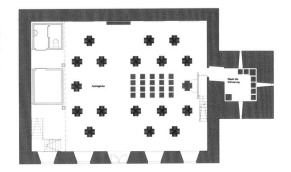

Jesus sprach: „Ich bin das Licht der Welt. Wer mir nachfolgt, der wird nicht wandeln in der Finsternis, sondern wird das Licht des Lebens haben".

Johannes 8, 12

Entwurf „Lebenslicht"
von Dominic Stremme

Die Symbolik des Lichts wird in der Bibel vielfach verwendet, wie beispielsweise in Jesaja 9,1: „Das Volk, das im Finstern wandelt, sieht ein großes Licht, und über denen, die da wohnen im finsteren Lande, scheint es hell."[78] Für den Verfasser des Entwurfs „Lebenslicht" ist die mit Licht verbundene Emotion für die Auferstehungshoffnung von so zentraler Bedeutung, dass er sie neben die Projektphilosophie der Geborgenheit in geweihter Erde in Form von Stampflehmwänden stellt. Unter den Besuchern der Ausstellung hat der Verfasser damit eine intensive Diskussion angestoßen.

Der Entwurf bietet hell erleuchtete Urnennischen an, die in der Vertikalen aus Stampflehm und in der horizontalen aus Holz gebildet werden. Die beleuchteten Rückwände der Nischen umstrahlen die Schmuckurnen. Kreuzförmig verlegte Bronzebänder im Boden verbinden die Stationen christlichen Lebens, den Altar mit dem Taufbecken und mit den Erinnerungsorten links und rechts. Der Blick auf den Gedenkschrein mit dem Kreuz aus Bronze unterhalb des Fensters in der Südfassade zeigt eine analoge Umsetzung des Hoffnungsgedankens. An sonnigen Tagen werden die einfallenden Lichtstrahlen das Kreuz umfluten und die Wärme der Erinnerung unterstützen. Im Bewusstsein um die mögliche Konkurrenz mit der historischen Farbfassung der Kapelle werden Wände und Decke einheitlich hell gestrichen.

Der Entwurf „Lichtkreuze" kontrastiert in der Lichtführung gegenüber dem zuvor beschriebenen Entwurf bei vergleichbar streng axialer Ausrichtung der Urnenwände. Durch die indirekte Beleuchtung der kreuzförmigen Bänderungen auf den Wänden entsteht für die Hinterbliebenen eine Atmosphäre, welche die Erinnerung mittels des ‚in sich selbst Kehrens' unterstützt. Die ruhige Gestaltung der Wände und der Nischenverschlüsse werden von der lebhaften historischen Farbfassung der Kapelle in Weiß-, Blau- und Rottönen kontrastiert. Auf das lebendige Spiel gebauter Geologie, wie sie mit Stampflehm auch möglich ist, wird deshalb weitgehend verzichtet. Die Urnenwände bilden entlang des Mittelgangs kleine Kabinette die zugleich Rückzugsbereiche für die Trauernden sind. Zentral gestellte, schlicht gestaltete Bänke erleichtern das Verweilen und Besinnen.

Der Entwurf „Kreuze" mit seinem raumbildenden Kreuz aus vier rechtwinkligen, hohen Wänden besetzt symbolisch die Raummitte. In den vier Eckzonen ergänzen flache, von oben zu füllende Lehmkörper, die an ein Urnenfeld erinnern, dieses Konzept. Das Verorten der Aschekapseln von oben erinnert an eine Beisetzung in einem Erdgrab. Durch diese Kombination von horizontalen und vertikalen Nischentypen können unterschiedliche Nachfragen erfüllt werden.

Jesus sprach: „Ich bin gekommen in die Welt als ein Licht, damit, wer an mich glaubt, nicht in der Finsternis bleibe."

Entwurf „Lichtkreuze"
von Fabian Fischer

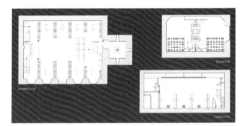

- Der Entwurf nimmt die durch den Bestand gegebenen Achsen auf und fügt die neue Nutzung gleichwertig ein.
- Die Urnenwände richten sich am Fensterraster aus. Die Blickbeziehung zwischen Altar und Orgel bleibt freigestellt.
- Gebildet werden die Urnen beidseitig in Lehmwänden, verschlossen von künstlerisch gestalteten Bronzeplatten, die einheitlich ein christliches Symbol aufgreifen.
- Die umlaufend an der Wand angebrachten, hinterleuchteten Stahlbänder bilden an den Kopfseiten Lichtkreuze.
- Nach Ablauf der Ruhezeiten verbleibt die Asche in einer Aschegrube im Turm.
- Dem Altar gegenüber befindet sich eine Gedenktafel aus Bronze, auf der dann die Namen der Verstorbenen eingraviert werden. Das Kolumbarium bietet Raum für 658 Urnen in Einzel- oder Doppelplätzen. Vor dem Altar entstehen Sitzmöglichkeiten für 20 Personen.

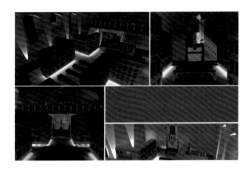

Entwurf „Kreuz"
von Katja Nordsiek

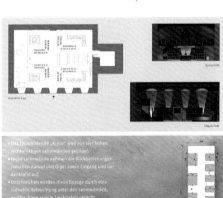

- Das raumbildende „Kreuz" wird aus vier hohen rechtwinkligen Lehmwänden gebildet.
- Diese Lehmwände nehmen die Blickbeziehungen zwischen Kanzel und Orgel sowie Eingang und Gedenktafel auf.
- Unterstrichen werden diese Bezüge durch eine indirekte Beleuchtung unter den Lehmwänden, welche ihnen zudem Leichtigkeit verleiht.
- In den von den Lehmwänden gebildeten vier Eckzonen befinden sich jeweils flache, teils abgewinkelte Lehmkörper, in welche die Aschekapseln von oben eingesetzt werden.
- Es entstehen insgesamt 744 Urnenplätze mit Einzel- und Doppelnischen, wobei im Kreuzinneren eine Beisetzung in Schmuckurnen möglich ist.
- Die Trauerwand für Blumen und Kerzen unterhalb der Empore, die Gedenktafel an der nördlichen Wand und vier Bankreihen für 20 Personen vor Altar und Kanzel komplettieren die Ausstattung.

Entwurf „Welle"
Constanze Telle

Der Baustoff Lehm, als gestampfte Erde, als Metamorphose, ist prädestiniert für die Verwandlung der Form – Solitär als Säule, raumgliedernd als Wandscheibe, geradlinig oder gebogen.

Der Entwurf „Welle" bedient sich der Metapher, die das Auf und Ab des Lebensweges symbolisiert. Rhythmisch geformte Lehmwände, losgelöst von der Raumhülle, übersetzen das Thema sehr eigenständig. Eine Atmosphäre der Bewegung, unterstützt von der Lichtführung, erfüllt den Raum.

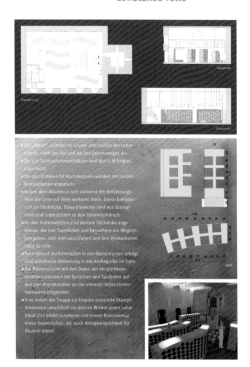

Mit der in Lehm versinnbildlichten Metapher für Schutz, wie wir sie beispielsweise aus Psalm 36,8 kennen, arbeitet der Entwurf „Flügel":

„Wie köstlich ist deine Güte, Gott, dass Menschenkinder unter dem Schatten deiner Flügel Zuflucht haben."[79] Bei der räumlichen Umsetzung entsteht Spannung und Entspannung, ein Grundsatz der Raumbesetzung, der sich hier wiederfindet. Die Wegeführung wird durch nach außen gewölbte Urnenwände bestimmt – zum Altar und zur Empore hin bilden sich neue Raumeinheiten mit geborgener Atmosphäre.

„Gleich den Flügeln eines Engels ... als Zwischenort, wo Leben, Tod und Erlösung einander begegnen ..."

Entwurf „Flügel"
von Mareike Sievert

Entwurf „Haus im Haus"
von Nadine Günther

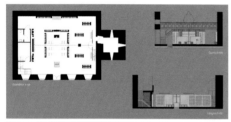

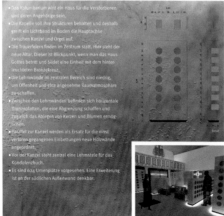

„In meines Vaters Hause sind viele Wohnungen"[80] – ein Zitat aus der Bibel dient als gedankliche Vorlage des Entwurfes „Haus im Haus". Die Stellung der Urnenwände bildet neue Räume mit Vorder- und Rückseiten. Die horizontale Begrenzung der Wände lässt den gesamten Kapellenraum offen, es entsteht Gelegenheit zu Kommunikation oder nonverbaler Gemeinschaft. Der gleichfalls aus Lehm gestaltete Altar steht in der Mitte des gefassten Raumes, in dem die Trauerfeiern stattfinden. So erblickt man bereits beim Eintritt in das Kolumbarium den Altar und das dahinter stehende Bronzekreuz. Etwas versenkt ist auf dem Altar während der Trauerfeier Platz für die Urne. Brennende Kerzen stehen auf Ablagen aus Bronze zwischen den Wandsegmenten. Blumen können vor der Gedenktafel niedergelegt werden. Für die Körper und Wände aus Lehm werden sehr helle Erden verwendet, die mit den leuchtenden Bronzeverschlüssen der Urnennischen zusammenwirken.

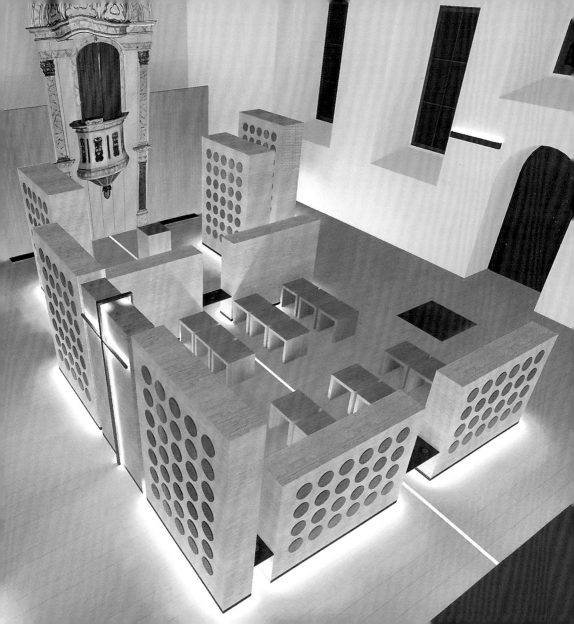

"Auferstehung ist unser Glaube,
Wiedersehen unsere Hoffnung,
Gedenken unsere Liebe."

Aurelius Augustinus

Entwurf „Hoffnung"
von Haike Bäsler

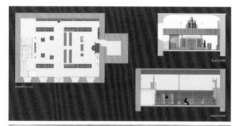

Den Einklang von bestehendem Raum und neuen Körpern lässt der Entwurf „Hoffnung" erkennen. Das Alte und das Neue sollen sich gegenseitig aufwerten und die Geschichte als Einheit weiterschreiben. Das Farbspiel der gewählten Erden geht mit den historischen Farbfassungen der hölzernen Ausstattungen eine Symbiose ein. Die Achsbeziehung von Orgel und Kanzel bleibt erhalten und wird durch die geometrische Anordnung der niedrig gehaltenen Stampflehmwände und höher aufgerichteten Stelen betont. Die freibleibende, beim Beschreiten der Kapelle wahrnehmbare Blickachse bildet eine räumliche Trennung des Andachtsbereiches im vorderen und des Stelenbereiches im hinteren Teil des Raumes. Das Lichtkreuz, dem Eingang gegenüber gelegen, verschmilzt mit der Urnenwand und greift nahezu über die gesamte Höhe und Breite der Nordwand Raum, so dass das Zeichen der Christen das Kolumbarium geradezu umschließt.

Für das Ablegen von Blumen und Trauersträußen befindet sich neben der Kanzel eine Blumenbank aus Stampflehm mit einer Bronzeabdeckung, in der Rückwand sind christliche Texte eingraviert. Um außen vor dem Gebäude ein Zeichen der Veränderung zu setzen, sieht das Konzept eine auffliegende Taube als Bronzeskulptur auf einer Lehmstele vor. Die Taube symbolisiert die Auferstehungshoffnung und zugleich die aus dem Lateinischen »columbarium« abstammende Bezeichnung Kolumbarium: „Taubenschlag".

Die Entwürfe, hier nur in den Wesenszügen erläutert, sind in ihrer architektonischen Botschaft sehr umfassend bearbeitet worden. Das physische, psychische und soziale Wohlbefinden der Menschen, die in diesem Kolumbarium ihrer Toten gedenken, stand im Vordergrund. Der gezielte Einsatz von Material, Licht und Farbe trägt wesentlich zum Empfinden des Raumes in der besonders empfindsamen Situation der Trauer bei. Die Ausstrahlung einer qualitätvollen Architektur wird eher unbewusst wahrgenommen und kann den Trauerprozess positiv beeinflussen.

Musterstele

Zur Eröffnung der Ausstellung „Kolumbarium Markoldendorf" soll die Projektphilosophie in Wort, Bild und Haptik
veranschaulicht sein. Deshalb wird, um keinen der im
vorangehenden Kapitel vorgestellten Entwürfe zu bevor-
zugen, gemeinsam mit einem erfahrenen Fachmann im
Lehmbau, eine eigenständige Musterstele mit den Ab-
messungen 70 x 70 x 210 cm entwickelt und gebaut.
Begreifbar werden die Materialien »Lehm« und »Bronze«
als zu Architektur gewordene »Erdung« und »Unvergänglichkeit«.

Der verwendete Stampflehm kommt aus der Region.
Einen Tag brauchen die von allen Beteiligten ehrenamtlich durchgeführten Arbeiten vor Ort, um diese Musterstele entstehen zu lassen. Lediglich die Schalung wurde
in der Werkstatt vorbereitet, die Mischung des Grund-
materials mit farblichen Tonmehlen geschieht genauso
vor Ort wie das eigentliche Stampfen: Schicht um
Schicht.

Am Abend wird ausgeschalt und nachgearbeitet. Zu
sehen sind die Nischen, in denen die Urnen in Erde ge-
bettet werden können, wie auch die vereinfachten tem-
porären Nischenverschlüsse. Mit der Belegung würden
diese durch die künstlerisch gestalteten und mit Namen
und Lebensdaten ergänzten Bronzeplatten ersetzt.

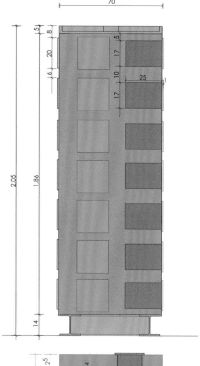

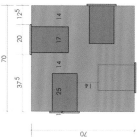

SCHLUSSWORT

 Fazit

Die in der vorliegenden Schrift vorgestellten Kolumbarien – Entwürfe der Studierenden sowie gebaute fremde Entwürfe – zeigen, dass die Umwidmung von Kirchen und Kapellen zu Kolumbarien Dauerhaftigkeit in Zeiten des Wandels bedeutet.

Auf dem Land brauchen in Kirchen errichtete Kolumbarien eine andere Philosophie als in den Städten. Bauen mit Erde hat einen unmittelbaren Bezug zum ländlichen Raum. So wie einst das Material für die Häuser im Ort lokal in der Lehmgrube gewonnen wurde, kann die Behausung für die letzte Ruhe ebenfalls aus der lokalen oder regionalen Erde – zumindest was die Beimischungen anbelangt – gewonnen werden. Die Verschlüsse der Nischen für die Aschekapseln können von regionalen Künstlern gestaltet und von benachbarten Kunstschmieden hergestellt werden.

Kolumbarien in Kirchen und Kapellen auf dem Lande bieten, sofern sie in das Konzept der Trauerpastoral der örtlichen Seelsorge eingebunden sind, eine besondere Verortung für die letzte Ruhe und können helfen, aus der Bezuschussung genommene Gotteshäuser zu erhalten.

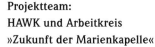
Projektteam:
HAWK und Arbeitkreis
»Zukunft der Marienkapelle«

Konzipiert und vorbereitet wurde das Projekt von den projektverantwortlichen Professoren Dr. Birgit Franz, Walter Krings und Dr. Georg Maybaum. Gemeinsam mit dem wissenschaftlichen Mitarbeiter Dipl.-Ing. (FH) Hans-Josef Ziesen begleiteten sie zudem die Umsetzung und Durchführung.

Zehn Architekturstudierende aus dem fünften Semester, Haike Bäsler, Fabian Fischer, Nadine Günther, Rafal Kesik, Janosch Lasota, Katja Nordsiek, Lena Ostermann, Mareike Sievert, Dominic Stremme und Constanze Telle, bereisten die Kolumbarien und gestalteten unter Anleitung die Werkstücke aus Lehm und Bronze und erarbeiteten die zehn Entwürfe für das Kolumbarium in der Markoldendorfer Marienkapelle.

Mitglieder des Arbeitskreises „Zukunft der Marienkapelle" sind Gunnar Jahn-Bettex, Pastor; Karl-Ernst Schwerdtfeger, Kirchenvorsteher und Sparkassenangestellter in Rente; Ulrike Beismann, Vorsitzende des Kirchenvorstands und Angestellte in einer Rechtsanwaltskanzlei; Susanne Schuchart, Kirchenvorsteherin und Inhaberin eines Tiefbau-Familienbetriebs; Andrea Grobe, Kirchenvorsteherin; Wolfgang Kramer, Ehren-Kirchenvorsteher und Mitglied des Kirchenkreisvorstandes sowie pensionierter Grundschul-Leiter; Michael Hanke, Ortsbürgermeister; Vera Thoma, Nachbarin der Marienkapelle und Apothekerin sowie Mitglied der Werbegemeinschaft Markoldendorf; Andreas Dörger, Tischler- und Bestattermeister.

Dank

Die Autoren danken, auch im Namen der Studierenden, den Ansprechpartnerinnen und Ansprechpartnern in den bereisten Kolumbarien für ihre Bereitschaft zum Gespräch, der Gebietsreferentin Nina Lotz vom Niedersächsischen Landesamt für Denkmalpflege, der Amtsleiterin Katharina Körner vom Amt für Bau- und Kunstpflege Hildesheim und Außenstelle Göttingen der Evangelisch-lutherischen Landeskirche Hannovers für die gemeinsame Ortsbegehung, den Mitgliedern des Arbeitskreises Zukunft der Marienkapelle in Markoldendorf für die Möglichkeit der Zusammenarbeit und für das gemeinsame Engagement während der Ausstellungen, Pastor Gunnar Jahn-Bettex für sein Engagement an der HAWK, Superintendent Heinz Behrends für seine Begeisterung für die Arbeiten der Studierenden, dem wissenschaftlichen Mitarbeiter im Grundbaulabor der HAWK Hans-Josef Ziesen, dem Meister und Restaurator im Stukkateurhandwerk und Lehmbau Jochen Siebert aus Volkmarsen-Ehringen und dem Kunstschmied Georg Petau aus Polle für die praktische Zusammenarbeit und die vielen Tipps, den Graphikerinnen Carolin Taebel, HAWK, und Stefanie Freise aus Bielefeld für die Gestaltung der Ausstellungsgraphik und nicht zuletzt den wissenschaftlichen Hilfskräften Hannes Gänse, Alexander Moll und Katrin Tartsch.

Abschließend sei noch ein Wort zum Engagement der Studierenden festgehalten: Die gemeinsame Seminar- wie Projektarbeit mit Haike Bäsler, Fabian Fischer, Nadine Günther, Rafal Kesik, Janosch Lasota, Katja Nordsiek, Lena Ostermann, Mareike Sievert, Dominic Stremme und Constanze Telle war Allen eine Freude.

Anmerkungen

1 Vgl. das münster. Zeitschrift für christliche Kunst und Kunstwissenschaft. 63. Jg., Heft 1 (2010) „Schwerpunkt: Begräbnisorte" sowie Heft 4 (2010) „Schwerpunkt: Bilder und Orte der Andacht".

2 Vgl. Christ & Welt, Wochenzeitung für Glaube, Geist, Gesellschaft, Nr. 15, 07.04.2011: Die große Leere: Gehen oder bleiben? „Kirchenaustritte. Christ & Welt hat die neuen Zahlen recherchiert."

3 Sekretariat der Deutschen Bischofskonferenz (Hrsg.): Umnutzung von Kirchen. Beurteilungskriterien und Entscheidungshilfen. Arbeitshilfe 175. 24. September 2003. Zitat S. 3.

4 Evangelische Kirche Berlin-Brandenburg-schlesische Oberlausitz (Hrsg.): Kirchen – Häuser Gottes für die Menschen. Einladung zum lebendigen Gebrauch von Kirchengebäuden. Berlin 2005/06.

5 Stellvertretend für zahlreiche andere informative Publikationen seien hier angeführt: Fisch, Rainer: Umnutzung von Kirchengebäuden in Deutschland. Eine kritische Bestandsaufnahme. Hrsg.: Deutsche Stiftung Denkmalschutz, Bonn 2008. – Kirchenbauten profan genutzt – Der Baubestand in Österreich. Innsbruck 2006.

6 Stellvertretend für zahlreiche andere informative Publikationen seien hier angeführt: Metamorphose, Heft 5 (2008), Kirche erneuern. – Deutsches Architektenblatt, Heft 12 (2007), Kirchenumbau - Weltlich, aber würdig.

7 Stellvertretend für zahlreiche andere informative Publikationen seien hier angeführt: Landesinitiative StadtBauKultur NRW, LVR-Amt für Denkmalpflege im Rheinland, LWL-Amt für Denkmalpflege in Westfalen (Hrsg.): Kirchen im Wandel. Veränderte Nutzung von denkmalgeschützten Kirchen. Düsseldorf 2010. – Ministerium für Bauen und Verkehr des Landes Nordrhein-Westfalen, Referat für Presse und Öffentlichkeitsarbeit (Hrsg.): Modellvorhaben Kirchenumnutzungen. Ideen – Konzepte – Verfahren. Sechzehn Beispiele aus Nordrhein-Westfalen. 1. Auflage. Düsseldorf 2010.

8 zitiert nach der Übersetzung Martin Luthers, Fest- und Hausbibel der Deutschen Bibelgesellschaft (Hrsg.), Stuttgart 2004.

9 Vgl. Kunst und Kirche. Ökumenische Zeitschrift für zeitgenössische Kunst und Architektur. 71. Jg., Heft 2 (2008) „Transformationen". – Vgl. Kunst und Kirche. 72. Jg., Sonderheft (2009) „Übergänge gestalten – 26. Evangelischer Kirchbautag – Die Dokumentation".

10 Vgl. Kunst und Kirche. Ökumenische Zeitschrift für zeitgenössische Kunst und Architektur. 74. Jg., Heft 1 (2011) „Regionen – Orientierung im ländlichen Raum".

11 Die Dokumentation durch die Veranstalter lässt die Kirchentrojaner die Ergebnisse öffentlich machen, vgl. Die Kirchentrojaner – Aaron Werbick, Martin Blumenroth, Gerald Klahr: „Von wegen nichts zu machen". In: Protestantischer Kirchenbau mit Zukunft? Thomas Erne (Hrsg.), eine Tagung der Evangelischen Akademie Hofgeismar in Zusammenarbeit mit dem EKD-Institut für Kirchenbau und kirchliche Kunst der Gegenwart an der Philipps-Universität Marburg und dem Evangelischen Kirchbautag. Darmstadt 2010, S. 102–111.

12 Beschreibung aus eigener Erfahrung, hier der Autoren Birgit Franz und Georg Maybaum.

13 Bayer, Dirk; Erne, Thomas; Gräf, Ulrich; Lempelius, Angela: modellfallmatthäus. Dem Glauben Raum geben – Neue Wege im Umgang mit sakralen Räumen. Mit Vorworten von Frank Otmar July und Nicolas Fritz sowie einem Nachwort von Andreas Nohr. Hamburg 2006.

14 Die Kirchentrojaner – Carin Maria Lamm, Gerald Klahr, Martin Blumenroth: Aktionskirche. In: Bayer, Dirk; Erne, Thomas; Gräf, Ulrich; Lempelius, Angela, 2006, a.a.O., S. 79–94.

15 Vgl. Evangelisch-lutherischer Sprengel Hannover, Landessuperintendentin Dr. Ingrid Spieckermann (Hrsg.): Garten.Eden.Kirche. Hannover 2009.

16 Vogel, Kerstin: Stillgelegt. Zur Situation der Kirchen in schrumpfenden Dörfern. In: Franz, Birgit (Hrsg.): Schrumpfende Städte und Dörfer – Wie überleben unsere Baudenkmale? Jahrespublikation des Arbeitskreises Theorie und Lehre der Denkmalpflege e.V., Band 16, Dresden 2007, S.72–76, Zitat S.75.

17 Auslober: Die Messe Leipzig GmbH mit fachlicher Beratung des Regierungspräsidiums Leipzig, der Landesämter für Denkmalpflege Sachsen, Sachsen-Anhalt und Thüringen, des Fördervereins für Handwerk und Denkmalpflege e.V. Schloss Trebsen, unterstützt durch den BauVerlag und die Deutsche Stiftung Denkmalschutz.

18 Vgl. Birgit Franz: „Kirchen öffnen und erhalten – Zur erweiterten Nutzung unserer Gotteshäuser. Hochschulen als Partner der Kirchengemeinden und der Denkmalpflege." In: Rainer Barthel (Hrsg.): Fritz Wenzel zum 80. Geburtstag. Erhalten historisch bedeutsamer Bauwerke. Festschrift. München 2010, S. 151-158.

19 Deutsche Stiftung Denkmalschutz und Vereinigung der Landesdenkmalpfleger in der Bundesrepublik Deutschland (Hrsg.): Kirche leer – was dann? Neue Nutzungskonzepte für alte Kirchen. Tagungsdokumentation 2.– 4. April 2009 Mühlhausen/Thüringen. Petersberg 2011, S. 136.

20 Vgl. Kil, Wolfgang: Luxus der Leere. Vom schwierigen Rückzug aus der Wachstumswelt. Eine Streitschrift. Wuppertal 2004.

21 Keller, Manfred; Vogel, Kerstin (Hrsg.): Erweiterte Nutzung von Kirchen – Modell mit Zukunft, Berlin 2008.

22 Gallhoff, Joachim: Erweiterte Nutzung von Kirchen – Konzeption und Wirtschaftlichkeit. Hrsg.: Manfred Keller, Bochum 2009. Die Anwenderfreundlichkeit wurde in Abstimmung mit dem Autor an der HAWK in zwei Master-Abschlussarbeiten gespiegelt: 2009: Chancen der Nutzungserweiterung und ihre Wirtschaftlichkeit. Kirchen öffnen und erhalten. St. Andreas zu Braunschweig. Masterthesis von Nadja Unnerstall, Betreuung seitens der HAWK durch die Professoren Dr.-Ing. Birgit Franz (Architektin, Fachgebiet Bauwerkserhaltung und Denkmalpflege) und Dr.-Ing. Wolf-Rüdiger Metje (Bauingenieur, Fachgebiet Bauen im Bestand). HAWK Holzminden 2009 – 2010: Erweiterte Kirchliche Nutzung. Ev. Dreifaltigkeitskirche in Herne. Masterthesis von Anna Schwesinger, Betreuung seitens der HAWK durch die Professoren Dr.-Ing. Birgit Franz (Architektin, Fachgebiet Bauwerkserhaltung und Denkmalpflege) und Prof. Dipl.-Ing. Reinhard Lamers (Architekt, Fachgebiet Baukonstruktion, Bauphysik, Darstellende Geometrie). HAWK Holzminden 2010.

23 Deutsche Stiftung Denkmalschutz und Vereinigung der Landesdenkmalpfleger in der Bundesrepublik Deutschland, 2011, a.a.O., S. 136.

24 Reiner Sörries: Urnenkirche oder Kirchenwald – Kirchliche Friedhofskultur heute. Band 3 der Reihe „Friedhofskultur heute". Hrsg. Arbeitsgemeinschaft Friedhof und Denkmal e.V. Frankfurt/Main 2009, Zitat S. 31.

25 Vgl. exemplarisch für die in der katholischen Kirche geführten Diskussionen: Lebendige Seelsorge – Zeitschrift für praktisch-theologisches Handeln, 61. Jg., Heft 5 (2010): Kolumbarien.

26 Reiner Sörries: Alternative Bestattungen – Formen und Folgen – Ein Wegweiser. Frankfurt/Main 2008.

27 „Mutter wo bist Du? Anonyme Bestattung ist keine Lösung: Angehörige brauchen einen Platz zur Trauer": Anzeige des Vereins zur Förderung der deutschen Friedhofskultur e.V. In: Der Friedhofswegweiser, Stadt Koblenz. 1. Auflage. Leipzig 2005, S. 99.

28 Zit. nach Hausbibel der Deutschen Bibelgesellschaft, 2004, a.a.O.

29 Sekretariat der Deutschen Bischofskonferenz (Hrsg.): Umnutzung von Kirchen. Beurteilungskriterien und Entscheidungshilfen. Arbeitshilfe 175. 24. September 2003. Zitat S. 3.

30 Zit. aus: Erzbistum Hamburg, Bistum Hildesheim, Bistum Osnabrück (Hrsg.): Zur Einrichtung von Kirchen als Kolumbarien. Theologische, pastorale und rechtliche Hinweise für die Bistümer in der Kirchenprovinz Hamburg. Osnabrück. Zitat S. 12.

31 Stellvertretend für zahlreiche andere Friedhöfe mit zugehörigen informativen Publikationen seien hier genannt. Der

Kirchhof in Nebel, Schleswig-Holstein (Seefahrergrabsteine aus dem 17. bis 19. Jahrhundert) und der Waldfriedhof in Bad Tölz, Bayern (nach dem Entwurf des Stadtbaumeisters Peter Freisl, 1905/1906): Vgl. Theodor Möller: Der Kirchhof in Nebel auf Amrum und seine alten Grabsteine. Neumünster in Holstein 1928. – Vgl. Georg Quedens: Im Hafen der Ewigkeit. Die alten Grabsteine auf dem Amrumer Friedhof. 3. überarb. Auflage. Husum, 2009. – Vgl. Faltplan des Stadtarchivs Bad Tölz 2010: Rundgang durch den Waldfriedhof der Stadt Bad Tölz.

32 Frankfurter Allgemeine Sonntagszeitung, Nr. 27, 11.07.2010, S. 30, Rubrik Wirtschaft: Die letzte Reise kennt viele Wege. Beitrag von Nadine Oberhuber.

33 Vgl. Martin Venne: Nachfrageorientierte Strategien zur Nutzung städtischer Friedhofsflächen. Kasseler Studien zur Sepulkralkultur. Bd. 16. Hrsg. von Reiner Sörries. Kassel 2010.

34 Vgl. www.es-lebe-der-Friedhof.de (letzte Sichtung 24.04.2011)

35 Bereisung: Birgit Franz und Georg Maybaum.

36 Vgl. Bundesverband Deutscher Steinmetze. Bundesinnungsverband des deutschen Steinmetz- und Steinbildhauerhandwerks (Hrsg.): Ausstellerverzeichnis Grabzeichenwettbewerb „Grabgestaltung und Denkmal" BUGA 2011 in Koblenz. Frankfurt 2011.

37 Vgl. Film des LVR-Instituts für Landeskunde und Regionalgeschichte, Buch und Regie: Mirko Uhlig, unter Mitarbeit von Dagmar Hänel: »Im Sommer näher am Himmel« – Der Wald als letzte Ruhestätte. Film über Waldbestattungen.

38 Vgl. Frankfurter Allgemeine Zeitung, Nr. 212, 13.09.2010, S. 34, Rubrik Frankfurt: Beisetzungen ohne Pfarrer und Angehörige. „In Frankfurt gibt es eine neu Regel für anonyme Bestattung: Niemand darf mehr dabei sein. Die Kirchen und die SPD kritisieren das nun, obwohl sie vorher deutlicher hätten protestieren können. Die Stadt verteidigt die Bestimmung."

39 Vgl. Martin Venne, 2010, a.a.O., S. 89.

40 Vgl. „Schall und Rauch. Unvergänglichkeit einen Raum geben." Eine Rauminstallation von Antje Fink in der Citykirche St. Jakobi in Hildesheim, Januar bis Februar 2011.

41 VELKD (Hrsg.): Leitlinien kirchlichen Lebens der Vereinten Evangelisch-Lutherischen Kirche Deutschlands. Handreichung für eine kirchliche Lebensordnung. Gütersloh 2003.

42 Zit. aus: VELKD 2003, a.a.O., S. 88.

43 Aus meiner eigenen Praxis als Pastor höre ich auch immer wieder, dass, selbst wenn es noch Angehörige am Ort gibt, man diesen „nicht auch noch im Tod zur Last fallen" wolle.

44 Urnengräber gibt es als etwas aufwändiger gestaltetes Einzel- oder Familiengrab, als Urnen-Rasenreihen-Grab (z.T. mit bodenbündiger Platte oder Namens-Plakette bzw. Gravur an zentraler Stelle) oder als anonymes Grab.

45 Insofern scheint mir der Werkstoff Lehm für die Urnenstelen und Urnenwände im geplanten Kolumbarium Markoldendorf als besonders geeignet. Nicht die Bestattung, aber doch die Beisetzung der Asche in Erde, kann die Symbolik des „Wieder-zur-Erde-Werdens" aufrecht erhalten.

46 Der Bezug zur Taufe könnte durch die Einbeziehung eines Taufsteins in das Gesamtkonzept positiv bestärkt werden.

47 Was zuvor hinsichtlich der Eignung für ein Kolumbarium über den Werkstoff Lehm gesagt wurde, gilt hier in besonderem Maße für das Material Bronze: Die Namen der Verstorbenen werden in eine Abdeckplatte aus Bronze eingraviert. Bronze ist eines der Materialien, das für sich genommen schon für Langlebigkeit steht. Im kirchlichen Kontext erinnert Bronze auch an Kirchenglocken, deren Klang nicht nur bei Gottesdiensten und Beerdigungen zu hören ist, sondern die Ewigkeit vorweg nimmt. Als Vorteil gegenüber dem Grabstein auf dem Friedhof ist hier anzuführen, dass die bronzene Abdeckplatte der Urnennische nach Ablauf der Ruhezeit von den Angehörigen sogar mit nach Hause genommen werden kann.

48 Vgl. Galater 3,28: „Hier ist nicht Jude noch Grieche, hier ist nicht Sklave noch Freier, hier ist nicht Mann noch Frau; denn ihr seid allesamt einer in Christus Jesus."

49 Früher gehörte der Tod noch selbstverständlicher zum Leben dazu. Es wurde zu Hause gestorben, Nachbarn kümmerten sich im Todesfalle um die Angehörigen, die Familie wusch den Toten und zog ihn an. Heute geht es vor allem darum, das Leben mit medizinischen Mitteln zu verlängern, gestorben wird häufig im Krankenhaus oder im Altenheim. Und wenn es dort Todesfälle gibt, werden die Leichen nachts „heimlich" über die Kellerräume abtransportiert.

50 Psalm 90,12.

51 Birgit Franz, Georg Maybaum, Walter Krings (Hrsg.): »Letzte Ruhe in Kolumbarien«. Eine Begleitbroschüre zur Ausstellung. Umfang: 36 Seiten, Auflage: 1.000 Exemplare. Druck: Mitzkat Verlag Holzminden 2010.

52 Vgl.: Es ist etwas Besonderes, mit Verstorbenen eine Messe zu feiern. Ausstellung »Letzte Ruhe in Kolumbarien« in der Marienkapelle eröffnet. Begleitheft informiert über verschiedene Grabeskirchen. In: Einbecker Morgenpost, 19.11.2010. – In Markoldendorf: Ausstellung zu Kolumbarien. In: Die Eule – Die Wochenzeitung für Einbeck und Umgebung, 14.11.2010, S. 18. – Letzte Ruhe finden in Kolumbarien – Ausstellung in der Marienkapelle zur Umwidmung von Kirchen zu Grabeskirchen. In: Einbecker Morgenpost, 12.11.2010, S. 17. – Ausstellung »Letzte Ruhe in Kolumbarien – wie kann man sich Umwidmungen von Kirchen zu Grabeskirchen vorstellen?« In: LS-pd Leine-Solling-Pressedienst, Hrsg. Kirchenkreisvorstand Leine-Solling, 35/2010 – 11. November 2010, S. 4–5.

53 Errichtung auf Initiative der Kirchengemeinde und Pfarrer Cornelius Schmidt, wohl keine Einbindung eines Architekturbüros. Bereisung: Haike Bäsler und Hannes Gänse.

54 Architektur: Hahn Helten + Assoziierte, Aachen. Bereisung: Fabian Fischer und Dominic Stremme.

55 Architektur: Architekturbüro Pfeiffer, Ellermann, Preckel Lüdinghausen – Berlin. Bereisung: Nadine Günther und Constanze Telle.

56 Zit. nach Hausbibel der Deutschen Bibelgesellschaft, 2004, a.a.O.

57 Zit. aus: Unsere Seelsorge. Das Themenheft der Hauptabteilung Seelsorge im Bischöflichen Generalvikariat Münster.

Bestattungskultur – Dem Toten versag deine Liebe nicht. Sir 7,33b. September 2010, S. 15.

58 Architektur: Spangenberg + Braun. Erfurt. Künstlerische Gestaltung: Evelyn Körber, Hohenfelden. Bereisung: Haike Bäsler und Mareike Sievert.

59 Architektur: artur gesamtplaner, Aachen. Künstlerische Gestaltung: Paul J. Petry, Bildhauer, Alfter. Bereisung: Haike Bäsler und Hannes Gänse.

60 Architektur: Dr. Schrammen Architekten BDA GmbH & Co. KG, Mönchengladbach – Düsseldorf. Bereisung: Fabian Fischer und Dominic Stremme.

61 Architektur: Architekt Hannes Knickenberg, Soest. Künstlerische Gestaltung: Anna Pauli, Köln. Bereisung: Katja Nordsiek und Lena Ostermann.

62 Errichtung gemäß Auskunft des Gemeindebüros wohl ohne Einbindung eines Architekturbüros. Bereisung: Walter Krings.

63 Architektur: zwo+ architekten, Bochum. Bereisung: Haike Bäsler und Hannes Gänse.

64 Errichtung auf Initiative des Pfarrers Matthias Genster und gemäß seiner Auskunft ohne Einbindung eines Architekturbüros. Bereisung: Haike Bäsler und Hannes Gänse.

65 Architektur: Architekten Maximilian Jagielski und Georg Thofehrn, Hannover. Bereisung: Rafal Kesik und Janosch Lasota.

66 Architektur: Klodwig und Partner Architekten, Münster. Bereisung: Haike Bäsler und Hannes Gänse.

67 Architektur: Staab Architekten, Berlin. Bereisung: Haike Bäsler und Hannes Gänse.

68 Architektur: Josef Behrens, Warburg. Bereisung: Haike Bäsler und Hannes Gänse.

69 Architektur: Hass + Briese Bürogemeinschaft Freier Architekten, Rostock. Bereisung: Rafal Kesik und Janosch Lasota.

70 Planungen: Bernward GmbH, Gesellschaft für kirchliches Immobilienmanagement, Hildesheim. Bereisung: Birgit Franz und Georg Maybaum.

71 Aus dem Wettbewerbsbeitrag, Preisgericht 2011: Kissler + Effgen Architekten BDA, Wiesbaden.

72 Vgl. www.competitiononline.de/beitraege/41818 (Letzte Sichtung 26.04.2011).

73 Vgl. Dehio-Vereinigung (Hrsg.): Georg Dehio. Handbuch der Deutschen Kunstdenkmäler. Bremen, Niedersachsen. Neubearb., stark erw. Auflage, München, Berlin 1992, S. 931: „Markoldendorf ... Ev. Marienkapelle. Verputzter flachgedeckter Saal von 1779 mit Ostturm, geringe gotische Reste. – Kleiner spätgotischer Holzkruzifix. – Einfacher Kanzelaltar aus der Erbauungszeit. Der zierliche Orgelprospekt angeblich älter, möglicherweise aus der Kapelle des Schlosses Rotenkirchen."

74 Die Basisdaten des nachfolgenden geschichtlichen Abrisses sind den diversen Texten Theodor Müllers aus Markoldendorf entnommen (vgl. hierzu Einbecker Morgenpost vom 20. und 21.11.2010). Details zu baugeschichtlichen Besonderheiten und zum Inventar stammen aus dem von Hannes Gänse eigens eingesehenen Pfarrarchiv Markoldendorf.

75 Gem. schriftlicher Mitteilung der Gebietsreferentin Nina Lotz vom Niedersächsischen Landesamt für Denkmalpflege

76 Die grundsätzlichen CI-Vorgaben der HAWK, erstellt von Dipl. Des. Carolin Taebel, CI-Team der HAWK und Lehrbeauftragte in der Fakultät Gestaltung zu Themen der Corporate Identity Theorie, wurden mit den Vorstellungen der Autoren zur Ausstellungspräsentation der Projektarbeit „Kolumbarium Markoldendorf" verknüpft. Die Graphikerin Stefanie Freise, Bielefeld, entwickelte dafür die einheitliche Ausstellungsgraphik und stimmte diese mit dem CI-Team und den Autoren ab.

77 Vgl.: Kurzbericht aus der Forschung an der HAWK. In: Liane Lensch-Kaese, Heiko Lensch für die Absolventenvereinigung der Fachhochschule in Holzminden (Hrsg.), Mitteilungsblattes Nr. 188 (März 2011), Holzminden, S. 20 bis 23. – Kirche wird Urnengrab. Kapelle in Markoldendorf soll erstes Kolumbarium der Landeskirche Hannover werden. In: HNA Northeimer Neueste Nachrichten, 04.02.2011. – Beisetzung möglich in einem „Haus der Auferstehung" – Umwidmung der Marienkapelle in Markoldendorf in ein Kolumbarium. Architekturstudenten stellen ihre Entwürfe vor. In: Einbecker Morgenpost, 29.01.2011. – EVKLA news: Planung für erstes Kolumbarium in hannoverscher Landeskirche geht voran. Homepage der Evangelisch-Lutherischen Landeskirche Hannovers, 28.01.2011: http://www.evlka.de/content.php?contentTypeID=4&id=15320. – NDR 1 Niedersachsen Nachrichten: Kurzbericht zum Kolumbarium Markoldendorf am 28.01.2011, ca. 18.00 Uhr, am 30.01.2011, ca. 12.00 Uhr. – Entwürfe für Kolumbarium. In: Göttinger Tageblatt, 22.01.2011. – Kolumbarium Markoldendorf: Ausstellung der Entwürfe. In: Einbecker Morgenpost, 15./16.01.2011. – »Kolumbarium Markoldendorf« Eine Ausstellung studentischer Entwürfe in der Marienkapelle. In: LS-pd Leine-Solling-Pressedienst, Hrsg. Kirchenkreisvorstand Leine-Solling, 02/2011 – 13.01.2011, S. 3.

78 Zit. nach Hausbibel der Deutschen Bibelgesellschaft, 2004, a.a.O.

79 Zit. nach Hausbibel der Deutschen Bibelgesellschaft, 2004, a.a.O.

80 Zit. nach Hausbibel der Deutschen Bibelgesellschaft, 2004, a.a.O.

Bildnachweise

Cover   „Werkschau Stampflehmbau", Gut Herbershausen, Detmold, Ausschnitt aus einer Stampflehmwand; Birgit Franz / Georg Maybaum, (F/M), 12.06.2010

S. 4   Heinz Behrends

S. 5   Marienkapelle in Markoldendorf; Janosch Lasota, 23.09.2010

S. 7   Ossarium am Reschenpass, Südtirol, Italien; F/M, 21.08.2010

S. 9   Pastor Jahn-Bettex, Professoren und Studierende der HAWK, Markoldendorf; F/M 27.01.2011

S. 11   Werkstatt-Tagung „Kirche im Dorf lassen", Kapelle Niedereisenhausen; Haike Bäsler / Hannes Gänse, 09.04.2011

S. 13   26. Evangelischer Kirchbautag 2008, St. Reinoldi Kirche, Dortmund; F/M, 23.10.2008

S. 15   Projekt „Garten.Eden.Kirche", Christuskirche Hannover; F/M, 16.04.2009

S. 16   Projekt „Garten.Eden.Kirche", Christuskirche Hannover; F/M, 16.04.2009

S. 21   Tagung „Kirche leer – was dann?", Stadtbibliothek in der ehemaligen St. Jakobikirche, Mühlhausen, Thüringen; F/M, 02.04.2009

S. 22   Eingang der Citykirche St. Jakobi, Hildesheim; F/M, 03.10.2010

S. 23   Symposium „Der Kultur Räume geben – Europa und die Kirchen", Citykirche St. Jakobi, Hildesheim; F/M, 23.10.2010

S. 25   Rauminstallation von Antje Fink „Schall und Rauch, Unvergänglichem einen Raum geben", Citykirche St. Jakobi, Hildesheim; F/M, 23.01.2011

S. 27   Exposition, Sylvie Lander „A ciel ouvert", crypte: „Outre ciel", Eglise St. Pierre le Jeune, Strasbourg, Frankreich; F/M, 23.07.2010

S. 29   Kolumbarium im Außenraum von Birgit Czyppull, Altendorfer Friedhof, Holzminden; F/M, 03.03.2011

S. 30   Urnengräber, Friedhof Allersheimer Straße, Holzminden; F/M, 13.07.2010

S. 31   Urnenfeld, Altendorfer Friedhof, Holzminden; F/M, 03.03.2011

S. 32   Friedhof am Reschensee, Graun, Südtirol, Italien; F/M, 19.08.2010

S. 33   Bundesgartenschau Koblenz, Ausstellung „Grabgestaltung und Denkmal"; F/M, 20.04.2011

S. 34   Urnenfeld, Altendorfer Friedhof, Holzminden; F/M, 03.03.2011

S. 35   HSV-Schmuckurne, Museum für Sepulkralkultur, Kassel; F/M, 19.03.2011

S. 40   Ausstellung „Letzte Ruhe in Kolumbarien", Studierende der HAWK, Markoldendorf; F/M, 17.11.2010

S. 41   Ausstellung „Letzte Ruhe in Kolumbarien" Besucher, Markoldendorf; F/M, 17.11.2010

S. 43   Ausstellung „Letzte Ruhe in Kolumbarien", Banner, Markoldendorf; F/M, 17.11.2010

S. 44   Kolumbarium Gotha; Haike Bäsler / Mareike Sievert, 04.10.2010

S. 45   Kolumbarium Gotha; Haike Bäsler / Mareike Sievert, 04.10.2010

S. 46   Kolumbarium in der Pfarrkirche Erscheinung Christi, Krefeld; Haike Bäsler / Hannes Gänse, 21.04.2011

S. 47   Grabeskirche St. Josef, Aachen; Fabian Fischer / Dominic Stremme, 15.02.2011

S. 48   Kolumbarium St. Konrad, Marl; Nadine Günther / Constanze Telle, 29.09.2010

S. 49   Urnenbegräbnisstätte Allerheiligenkirche, Erfurt; Haike Bäsler / Mareike Sievert, 04.10.2010

S. 50   Kolumbarium im Kirchturm der Hoffnungskirche, Leverkusen-Rheindorf; Haike Bäsler / Hannes Gänse, 22.04.2011

S. 51   Grabeskirche St. Elisabeth, Mönchengladbach; Fabian Fischer / Dominic Stremme, 18.10.2010

S. 52   Kolumbarium St. Paulikirche, Soest; Katja Nordsiek / Lena Ostermann; 09.10.2010

Prof. Dr.-Ing. Birgit Franz, Freie Architektin

Architekturstudium an der Technischen Universität Berlin und der Universität (TH) Karlsruhe, Mitarbeiterin im Karlsruher Brettel Architekten Cooperativ, im Architekturbüro Mannhardt, 1991–2002 an der Universität Karlsruhe (TH) tätig, zuletzt als Hochschuldozentin und Leiterin des postgradualen Aufbaustudiengangs „Altbauinstandsetzung", zuvor als wissenschaftliche Mitarbeiterin am Institut für Tragkonstruktionen von Professor Dr. Fritz Wenzel, hier im Sonderforschungsbereich (SFB 315) „Erhalten historisch bedeutsamer Bauwerke", 1996 Promotion zum Thema: „Voruntersuchungen zur Wiedernutzbarmachung von historisch bedeutsamen Bürgerhäusern – Zum behutsamen Umgang mit Baudenkmalen in den neuen Bundesländern", 2002 Ruf an die Hochschule für angewandte Wissenschaft und Kunst (HAWK), Standort Holzminden, Fachgebiet Bauwerkserhaltung und Denkmalpflege, 2003–2005 Studiendekanin, 2005–2007 Dekanin. Gutachterliche Tätigkeiten, Wettbewerbspreisrichterin, Vorbereitung von Tagungen, Internationalen summer schools, zahlreiche Vorträge und wissenschaftliche Publikationen, Mitgliedschaften u.a. im ICOMOS, in der WTA, in der Architektenkammer Baden-Württemberg und im Vorstand Arbeitskreis Theorie und Lehre der Denkmalpflege e.V., hier seit 2006 (Mit-) Herausgeberin der Jahrespublikationen, seit 2009 beratend in der Initiative „Kirchen öffnen und erhalten" der Evangelischen Akademikerschaft in Deutschland (EAiD).

Prof. Dr.-Ing. Georg Maybaum, ö.b.u.v. Sachverständiger

Studium des Bauingenieurwesens (konstruktiver Ingenieurbau) an den Universitäten Darmstadt und Dortmund mit Abschluss Dipl.-Bauingenieur, 1989–1990 Aufbaustudium der Wirtschaftswissenschaften an der FH Dortmund, 1990–1995 Wissenschaftlicher Mitarbeiter am Institut für Grundbau und Bodenmechanik von Professor Dr. Walter Rodatz an der Technischen Universität Braunschweig, 1996 Promotion zum Thema „Erddruckentwicklung auf eine in Schlitzwandbauweise hergestellte Kaimauer", 1994–2009 Geschäftsführender Gesellschafter der Prof. Dr.-Ing. Walter Rodatz und Partner GmbH, Beratende Ingenieure für Geotechnik, Braunschweig, 2000 Ruf an die Hochschule für angewandte Wissenschaft und Kunst

(HAWK), Standort Holzminden, Fachgebiet Grundbau- und Bodenmechanik, 2005–2007 Studiendekan, seit 2003 öffentlich bestellter und vereidigter Sachverständiger für Baugrunderkundung, Erd- und Grundbau, Gutachterliche Tätigkeiten, Vorbereitung von Tagungen, Internationalen summer schools, zahlreiche Vorträge und wissenschaftliche Publikationen, Mitgliedschaften u.a. in der Ingenieurkammer Niedersachsen, der Deutschen Gesellschaft für Geotechnik, im Arbeitskreis Theorie und Lehre der Denkmalpflege e.V., seit 2010 im Vorstand von Netzwerk Lehm e.V.

Prof. Dipl.-Ing. Walter Krings Architekt
und Stadtplaner BDA

Bauzeichnerlehre, Studium an der Fachhochschule Trier, Fachrichtung Architektur, Mitarbeiter im Architekturbüro Neufert Köln, Studium an der Universität Kaiserslautern Fachrichtung Architektur und Städtebau, Wissenschaftlicher Mitarbeiter am Lehrstuhl von Professor Gerd Heene an der Universität Kaiserslautern, Bürogründung als freischaffender Architekt, 1993 Ruf an die Hochschule für angewandte Wissenschaft und Kunst (HAWK), Standort Holzminden, Fachgebiet Städtebau/Stadtentwicklung, Bürogemeinschaft Krings – Thelen, Daun: Gebäudeplanung, Stadt- und Ortsentwicklungsplanung. Mitglied in der Architektenkammer Rheinland-Pfalz, Mitglied im Bund Deutscher Architekten BDA, Preisträger bei Architektenwettbewerben, Wettbewerbspreisrichter, Gutachterliche Tätigkeiten, Projektveröffentlichungen in Fachzeitschriften und Fachbüchern.

Dipl.-Theol. Gunnar Jahn-Bettex, Pastor

Studium der evangelischen Theologie in Bielefeld-Bethel, Marburg, Bonn und Münster mit kirchlichem Examen und Anerkennung als Dipl.-Theologe (Universität Göttingen). 1998-2003 Honorartätigkeit und Anstellung im Bereich der Konfirmanden- und Familienarbeit in Barnstorf und Wagenfeld, Religionsfachkraft am Schulverbund der OS und HS/RS Goldenstedt. 2003-2005 Vikariat in der Kirchengemeinde Mariendrebber, anschließend Gemeindepastor in Rehden, seit 2007 in Markoldendorf. Hier als Stellenteiler mit seiner Ehefrau Annegret Bettex zuständig für die Kirchengemeinden in Markoldendorf, Ellensen, Hoppensen und Lauenberg. Seit Anfang 2010 geschäftsführender Pastor der Kirchengemeinden in der Region Dassel. Seit Oktober 2009 Projektleiter des Kirchenkreises von „einfach.Gottesdienst.feiern – 103 Kirchen in Leine Solling". 2010-2011 Ausbildung zum zertifizierten Gottesdienstberater in der Ev.-luth. Landeskirche Hannovers. Seit Juni 2011 nebenamtlich als Gottesdienstberater im Bereich der hannoverschen Landeskirche tätig.

Die Veröffentlichung erfolgt bei aller sorgfältigen Bearbeitung ohne Gewähr. Es kann kein Schadenersatz für Fehler und Unrichtigkeiten geleistet werden.

Impressum

Die Deutsche Nationalbibliothek verzeichnet diese Publikation in der Deutschen Nationalbibliographie; detaillierte bibliographische Daten sind im Internet über http://dnb.d-nb.de abrufbar.

ISBN 978-3-940751-30-0
2011, Verlag Jörg Mitzkat, Holzminden

Herausgeber:
© Birgit Franz, Georg Maybaum, Walter Krings

Hochschule für angewandte Wissenschaft und Kunst in Holzminden (HAWK)
Fakultät Management, Soziale Arbeit, Bauen
Haarmannplatz 3
37603 Holzminden
http://www.hawk-hhg.de/holzminden/

Unterstützung der Herausgeber:
Haike Bäsler, Hannes Gänse
Unterstützung der Drucklegung:
Absolventenvereinigung der Fachhochschule in Holzminden e.V.

Texte:
Birgit Franz, Georg Maybaum, Walter Krings
mit einem theologischen Beitrag von
Gunnar Jahn-Bettex

Die Publikation ist in Folge des Seminars „Letzte Ruhe in Kolumbarien" und der Projektarbeit „Kolumbarium Markoldendorf" mit den HAWK-Studierenden Haike Bäsler, Fabian Fischer, Nadine Günther, Rafal Kesik, Janosch Lasota, Katja Nordsiek, Lena Ostermann, Mareike Sievert, Dominic Stremme, Constanze Telle und dem wissenschaftlichen Mitarbeiter Hans-Josef Ziesen entstanden.